Grundlagen der Finanzplanung
10 Umsetzungstipps

Grundlagen der Finanzplanung

10 Umsetzungstipps

Ralf Passing

Copyright (c) Ralf Passing
2. erweiterte und überarbeitete Auflage 2020

ISBN: 9781653964758
Imprint: Independently published
Ralf Passing, Jasper (Ontario) Canada

Titel der Erstauflage »Finanzwissen für Dich«
(ISBN-10: 1796771252 ISBN-13: 978-1796771251)

Einleitung

Der Untertitel ›10 Umsetzungstipps für Dich‹ scheint auf den ersten Blick etwas Unerfüllbares zu versprechen: Wie kann ein Buch diesen Anspruch erfüllen, ohne Dich zu kennen?

Wie kann ich wissen, was Dich überhaupt interessiert?

Wie kann ein Buch für stark Verschuldete und Vermögende gleichermaßen gedacht sein?

Bevor ich die Fragen beantworte, möchte ich auf die persönliche DU-Form des Buches hinweisen, denn ich schenke Dir meine Erfahrung und einen Teil meines Wissens und will Dir anschließend gar keine Onlinekurse, Coachings oder Mitgliedschaften verkaufen - dadurch wird es einfach etwas Persönliches und hat nichts mit dem Geschäftemachen in der Finanzbuchindustrie zu tun.

Die Antwort ist einfach: Während meiner langjährigen Tätigkeit als Unternehmens- und Finanzberater habe ich viele verschiedene Menschen in den unterschiedlichsten Lebenssituationen kennengelernt und mich mit nahezu allen (finanziellen) Lebenssituationen auseinanderzusetzen gehabt.

Wichtig: Es gibt von mir keine konkreten Anlageempfehlungen und ich will mit dem Büchlein auch keine Beratungskunden generieren, da ich meine unternehmerischen Tätigkeiten alle bereits vor Jahren eingestellt habe.

In meiner zurückliegenden aktiven Zeit konnte ich feststellen, dass unabhängig von der jeweiligen aktuellen finanziellen Situation der Umgang mit dem Thema Geld eher zufällig ist; ohne finanzielle Grundbildung entscheidet die Prägung durch das Elternhaus zu einem großen Teil auch, wie mit den Finanzen umgegangen wird.

Durch die so übernommenen Handlungsmuster und Leitgedanken bleibt man dann auch im ›eigenen Saft‹, denn im deutschsprachigen Raum ist das Thema Finanzen in der Regel Tabu.

Aber das muss nicht sein: Ich wollte nicht die reißerischen Titel anderer Finanzautoren kopieren, die mit »Weg in die finanzielle Freiheit« »Der schnellste Weg zur ersten Million« oder »Schuldenfrei in einem Jahr« mehr auf die Ziele fokussieren.

Es gibt nämlich viele persönliche Grundeinstellungen (Gedankenmuster und Leitsätze) und auch Basiswissen, dass für jede finanzielle Situation absolut identisch ist. Meines Erachtens gehört diese finanzielle Grundbildung in unsere Schulausbildung, denn jeder hat in seinem Leben mit Zins und Zinseszins, mit Krediten, Hypotheken, Spareinlagen, Girokonten, Devisen, Fonds und so weiter zu tun. Bei Mengenlehre, Ableitungen, Dissonanztheorie oder Hydrolyse bin ich mir nicht so sicher. Zu wissen, dass Gretchen in Goethes Faust ihren neuen Schmuck Marthe Schwerdlein zeigt, ist sicher kein Fehler, aber die meisten

Schüler hätten sicherlich mehr Nutzen davon, die Auswirkungen von Zins und Zinseszins kennenzulernen...

Ich weiß, dass nicht jeder unternehmerisch Handeln will und kann, und verspreche Dir daher keine Millioneneinkommen.
Erfolg ist für den einen die absolute persönliche Freiheit mit eigenen Immobilien rund um den Globus aber für den Anderen schon der Ausweg aus einer abgrundtiefen und scheinbar hoffnungslosen Verschuldung.

Kannst Du Deine Ziele - Du hast doch welche, oder? - mit diesem Buch erreichen?

Ich will Dir nichts vormachen: Nach der Lektüre meines Buches bist Du weder Deine Schulden los, wenn Du welche haben solltest (die meisten haben welche!), noch der ersten Million nähergekommen:
Nur die Umsetzung des gewonnenen Wissens bringt Dir den Erfolg.

Ich werde in diesem Buch ganz systematisch vorgehen und neben der allgemeinen Information immer auch konkrete Schritte, die Dir ganz individuell helfen werden, einbauen. Das Buch ist daher auch weniger als Einmallektüre, sondern vielmehr als »Arbeitsbuch« gedacht, das man immer mal wieder zur Hand nehmen sollte.
Ich bin ein großer Freund von E-Books und PDFs, aber bei diesem Buch solltest Du Dir wichtige Stellen markieren und Kommentare hinzufügen. Ob Du dies nun elektronisch oder in einem Papierausdruck besser kannst, hängt von Deinem persönlichen Arbeitsstil ab.

Viele empfinden das Managen der Finanzen und schon die reine Beschäftigung mit dem Thema als langweilig oder frustrierend oder beides. Einzelne Bereiche werden sogar als Zwang empfunden und daher auch immer nur mit möglichst wenig Zeitaufwand ›abgehandelt‹ wenn es gerade nötig ist.
Denke einmal zurück, wie lange Du über das letzte Urlaubsziel, die Hotelauswahl oder die Flüge nachgedacht hast?
Haben Deine Finanzen auch so viel Aufmerksamkeit bekommen? Und hier meine ich nicht das allgemeine Jammern, dass man zu wenig Geld hat.

Alle erfolgreichen Menschen beschäftigen sich regelmäßig und vor allem grundsätzlich mit dem Thema und nicht nur, wenn gerade etwas Aktuelles ansteht.

Es ist von enormer Bedeutung, dass die Beschäftigung mit Geld für Dich keine Last ist!
Du musst die Scheu verlieren, Dich damit regelmäßig und intensiv zu beschäftigen. Ich will nicht verhehlen: Die ersten Schritte sind sogar mit viel unangenehmer Arbeit verbunden. Wenn dann alles neu sortiert und die Strategie klar ist, bedarf es nur noch regelmäßiger Kontrolle und Anpassung. Das macht dann sogar meist Spaß!

Ich will mit diesem Buch auch gar nicht in die Tiefe oder gar in die Finanzmathematik einsteigen, denn wenn Du bisher einen großen Bogen um das Thema Geld, Finanzen, Ausgaben- und Budgetplanung gemacht hast, ist es viel wichtiger, das Du die Grundlagen verstehst und damit beginnst. Wenn dich dann später einzelne Elemente mehr interessieren, gibt es zu den meisten Bereichen eigene Bücher, die Dein Grundwissen vertiefen.

Kennst Du das Rockefeller-Zitat?
»Es ist besser, einen Tag im Monat über sein Geld nachzudenken, als einen ganzen Monat dafür zu arbeiten.«

Denn es ist wichtig, wofür Du Dein Geld ausgibst und nicht unbedingt, dass Du mehr verdienst.

Doch genug mit dem einleitenden Geschreibsel - los geht's:

Inhalt

```
Einleitung      5
Start       13
Analyse     15
Geld und Zins   19
Geduld      26
Strategieüberlegungen       29
Bewertung 35
Planung     45
Arbeitslosigkeit    50
Angestellter    53
Selbständigkeit     54
Neue Einnahmen 56
Zusammenfassung der Strategieüberlegungen      62
Budget      66
Wie viel Freiheits-Kapital braucht man denn? 70
Die Kapitalbedarfsrechnung      75
Von Freiheitsausgaben zum Freiheitskapital     78
Was ist eigentlich RISIKO?      90
Das A und O für Dein Freiheitskapital   94
Zusammenfassung     102
10 Schritte zur Umsetzung       108
```

Start

Bevor wir überhaupt mit dem Inhalt des Buches beginnen können, musst Du wissen, wo Du eigentlich finanziell stehst!
Das hört sich jetzt vielleicht merkwürdig an, wenn Du gerade Hartz-IV bekommst und weder Ersparnisse noch einen Job, sondern nur Schulden hast. Aber auch wenn Du einen einträglichen Beruf und schon »etwas auf der Bank« hast, habe ich die Erfahrung gemacht, das die wenigsten Ihre eigene Situation genau kennen!

Natürlich kannst Du diesen Anfang erstmal überspringen und ›etwas Interessanteres‹ lesen, aber bevor Du über Veränderungen nachdenkst und einen neuen Weg einschlagen kannst, musst wieder an den Start zurück:

Nur wer weiß, wo er steht, kann einen Weg einschlagen.

Stelle Dir vor Du programmierst das Navigationssystem im Auto, hast aber kein GPS-Signal von Deinem Standort - dann funktioniert das beste und teuerste Navi nicht!

Mit dem Status quo meine ich nicht nur, wie viel Vermögen oder Einkommen Du hast, sondern wie viel und für was Du Geld ausgibst. Wie viel sparst Du?
In wie viel Vereinen bist Du Mitglied und wie viel Beiträge zahlst Du dafür?
Wie hoch sind Deine Festkosten im Monat?

Was ist mit den jährlichen, halbjährlichen, quartalsmäßigen und zweimonatigen Ausgaben?
Welche laufenden Abonnements hast Du (Zeitschriften, Software, Onlineportale)?
Welche Versicherungen hast Du?
Welche Kreditkarten?
Welche Konten?
Welche Sparpläne (Banksparpläne, VL, Riester- Rürup oder Kapitalversicherungen)?
Wie viel Miete zahlst Du?
Strom?
Wasser?
Nicht die Ausgaben vergessen, die nicht monatlich anfallen (wie GEZ, Versicherungen, Kfz-Steuern).

Den meisten wird es jetzt so gehen, dass sie die Frage auf Anhieb nicht genau beantworten können, weil die Systematik bisher gar nicht da war. Nur wer seine Finanzen genau kennt, ist auch in der Lage, seine Ausgaben zu bewerten und seine finanziellen Ziele zu planen.

Darum kommt jetzt die erste Aufgabe für Dich:

Analyse

Da die meisten ein oder mehrere Bankkonten haben werden, startest Du am besten damit: Nimm Dir die Kontoauszüge eines ganzen Jahres (!) - ja wirklich damit Du nicht die Ausgaben vergisst, die nur einmal im Jahr abgebucht werden! Solltest Du Deine Auszüge nicht gesammelt haben, kannst Du sie in der Regel online als Datei herunterladen. Notfalls kann die Bank Dir diese zur Verfügung stellen. Notiere die Abbuchungen/ Überweisungen und trage dann diese Ausgaben für alle Familienmitglieder in eine Übersicht ein - wenn Du regelmäßig mit einem Computer arbeitest, mache einfach eine Excel/Numbers-Tabelle, dann kannst Du die Spalten später automatisch aufaddieren lassen und siehst die Auswirkungen von Änderungen sofort:

Art	monatlich	quartalsweise	jährlich
Miete	500		
GEZ- Gebühren		52,50	
Haftpflicht-versicherung			65

Diese Beispiel-Übersicht hat zunächst nur die drei Kategorien, die JEDER haben müsste. Viele werden noch zweimonatliche oder halbjährliche, manche auch 14-tägige oder wöchentliche Ausgaben haben.

Dann sollte man solche Kosten aufführen, die man ganz regelmäßig bar (oder per Karte) aber nicht vom Konto bezahlt. Beispiele dafür sind tägliche Parkkosten, Fahrausweise/Wochen- oder Monatskarten für ÖPNV, oder Sauna, Solarium, Schwimmbad etc.

Wenn alle Ausgaben aufgelistet sind, kommen die Einnahmen dazu. Das werden bei vielen ja nur eine oder zwei Quellen (Arbeitslohn, Kindergeld) bei anderen aber vielleicht auch mehrere (Mieteinnahmen, Zinsen, Dividenden etc.) sein.

Die letzte Kategorie ist dann die Vermögensbilanz, also Schulden bzw. Vermögen. Bei Schulden geht es nicht nur um den Bankkredit, sondern auch um Ratenkäufe, Leasingverpflichtungen, Hypotheken, Privatdarlehen, Kontoüberziehungen und Kreditkartenausgaben, die noch nicht vom Girokonto abgezogen wurden. Bei Selbständigen kommen Investitionskredite, ausgenutzte Liquiditätskreditlinien, abverkaufte aber noch nicht abgerechnete Kommissionsware etc. dazu.

Der nächste Schritt besteht nun darin, die gegliederten Kosten auf Monatsbasis umzurechnen:
Die monatlichen Ausgaben können also 1:1 übernommen werden,
die zweimonatlichen werden durch zwei geteilt,
die quartalsweisen durch 3,
halbjährliche durch 6 und schließlich
die jährlichen durch 12.
Die wöchentlichen Ausgaben müssen hingegen mit 4,33 multipliziert,

die 14-tägigen mit 2,17-malgenommen werden, da wir ja in 3 Monaten insgesamt 13 Wochen haben und uns am Ende des Jahres Geld fehlen würde, wenn wir vereinfacht mit 2- und 4-mal rechnen würden.
Genauso rechnet man die Einnahmen um, die nicht monatlich eingehen.

Erst dann kann man feststellen, wie viel man für alles andere, also die freien Ausgaben, monatlich zur Verfügung hat, da man nun erstmals Äpfel mit Äpfeln und nicht mit Birnen vergleicht.
Diese Aufarbeitung der Zahlen in der Analyse ist die Grundlage für Veränderungen.

Monatliche Einnahmen minus feste monatliche Kosten (laut Deiner Jahresauswertung der Kontoauszüge) ergeben Dein frei verfügbares Einkommen.

Unabhängig von der Planung Deiner finanziellen Freiheit und kommenden Veränderungen weist Du erst jetzt, wie viel Geld Dir **maximal** zur Verfügung steht!
Auch wenn Du einen hohen Kreditrahmen und viele Karten hast, mache es Dir zum eisernen Gesetz:

Mehrausgaben sind Selbstbetrug!

Denn auch wenn Du technisch wegen Kontokarten mit Überziehungskrediten, Kreditkarten oder Verkaufserlösen vielleicht in der Lage sein solltest, mehr Geld auszugeben, ist das Selbstbetrug!
Du kannst nur Geld ausgeben, das Du auch hast, sonst gerätst Du tiefer in die Schuldenfalle!

Wenn Du für etwas mehr ausgeben möchtest, als es Dein Monatsbudget zulässt, musst Du es **vorher** aus deinem Budget zurücklegen (**ansparen**).

Geld und Zins

Das Grundlagenwissen über unser Geldsystem und die Wirkung von Zinsen ist von elementarer Bedeutung für unsere Finanzstrategie, denn nur wer weiß, wie die Elemente zusammenwirken, kann die richtigen Schlussfolgerungen ziehen.

Allein über die einzelnen Aspekte des Geld- und Zinssystems wurden zahllose Bücher verfasst. Von wissenschaftlich mathematischen Betrachtungen bis hin zu den philosophischen Aspekten der Abhängigkeiten und Fremdbestimmung gibt es hunderte von zum Teil sehr komplexen Abhandlungen.
Ich kann hier also nur versuchen, eine vereinfachte Grundlage als Basis für unser Verständnis zu legen.

Durch den Wandel unserer Gesellschaft zu einer Industriegesellschaft und die Einführung des weltweiten Handels konnten keine Waren mehr getauscht werden. Früher konnten zum Beispiel die Kartoffeln aus dem eigenen Anbau gegen ein Stück Fleisch bei einem Viehbauern getauscht werden, ohne dass es eines neutralen Tauschmittels bedurfte. Doch schon in früherer Zeit hatte man das Problem, solche Werte zu lagern, da sich das Fleisch eines geschlachteten Tieres ja nicht unbegrenzt lagern ließ, da es sonst unbrauchbar wurde und seinen Tauschwert verlor.

Daher suchte man neutrale, haltbare und seltene Gegenstände, die sich nicht unbegrenzt finden oder vermehren ließen. Diesen

Muscheln, Steinen und später Gold und Silber wurde dann durch das Angebot und die Nachfrage des Handels ein Wert zugeordnet, der allgemein anerkannt wurde (also eine Unze Gold hatte zum Beispiel den Wert einer Kuh oder aber von 500 Kilo Kartoffeln). Möglich war dies, weil diese Gegenstände selbst wertvoll und nicht beliebig vermehrbar waren. Man bezeichnet dies auch als intrinsischen Wert.

Dadurch konnte man seine produzierten Waren oder seine Arbeitsleistung gegen Silber und Gold eintauschen und dieses Tauschmittel bei Bedarf wieder in andere Güter zurücktauschen.

Um nicht immer mit den schweren Edelmetallen reisen zu müssen, kamen die internationalen Händler aus Sorge vor Raubüberfällen und wegen des Transportaufwandes auf die Idee, Gold und Silber bei vertrauenswürdigen Personen zu hinterlegen und sich dafür eine Quittung ausstellen zu lassen. Diese Quittung sicherte dann dem Eigentümer das Recht zu, einen „Rücktausch" in zum Beispiel eine Unze Gold vornehmen zu können. Diese Hinterlegungsstellen bei vertrauenswürdigen Personen in verschiedenen Ländern haben sich dann vernetzt und die Anfänge des internationalen Bankensystems waren gemacht. Die Lagerung und Bewachung der Metalle und natürlich auch die Dienstleistung als solche kostete natürlich etwas, sodass die ersten Gebühren dafür den Beginn des Zinssystems darstellten.

Zu diesem Zeitpunkt waren die Gebühren also durchaus gerechtfertigt und waren kein Entgelt für das Ausleihen von Werten. Nun kamen aber die ersten „Banken", die ja viele Tonnen von Edelmetall gelagert hatten, die niemals alles auf einmal tatsächlich aus deren Tresor geholt werden mussten, auf den

Gedanken, Gelder zu verleihen. So wurde der Bestand an Silber und Gold, der eigentlich anderen gehörte und auf den man nur aufpassen sollte, einfach an andere verliehen. Da diese ersten Kreditnehmer ja die Werte zurückzahlen mussten, bestand das Risiko nur darin, dass ein Teil der Schuldner eben nicht zurückzahlen konnte. Für diesen Fall hatten alle Kreditnehmer einen Aufschlag zu bezahlen. Als Beispiel haben
11 Personen sich jeweils 10 Unzen Gold geliehen.

Um das Kreditausfallrisiko zu berücksichtigen, musste aber jeder Schuldner nicht nur 10, sondern 11 Unzen zurückzahlen.

Wenn sich nun einer mit den geliehenen Unzen verspekuliert hatte, würden eben nur 10 Personen je 11 Unzen zurückzahlen und die 110 ausgeliehenen Unzen waren wieder zurück. Wenn alle 11 zurückbezahlt haben, hat die Bank verdient, wenn nur 9 oder weniger zurückzahlen verliert die Bank. Auch das ist fair.

Die Banken wollten nun aber immer verdienen und haben statt 11 Unzen von jedem 12 Unzen zurückgefordert. Nun hat die Bank neben dem berechtigten Risikoausgleich (auf Basis der durchschnittlichen Ausfallquote) an jedem Kreditnehmer 1 Unze Gold verdient - zusammen also 11 Unzen. Das Zinssystem begann!

Das eigentliche Problem ist nun aber, dass es diese 11 ›Zinsunzen an Gold‹ ja gar nicht gibt. Das heißt es müssen zusätzliche Dienst(Arbeits-)leistungen erbracht oder andere Güter verkauft werden, um diese aus dem Nichts geschaffenen Unzen zurückzahlen zu können.

Hätten wir weiter eine Goldwährung, würde das Fehlen des Goldes natürlich irgendwann so deutlich, dass es jeder bemerken würde. Die Finanzelite plant aber über viele Generationen hinweg und hat zunächst Währungen geschaffen, die mit dem Silber und Gold hinterlegt waren. Dann wurde diese Golddeckung nach und nach von einer Währung nach der anderen aufgeweicht (Teildeckung) und schließlich am 15. August 1971 von den Vereinigten Staaten für den Dollar vollständig aufgegeben. Bis zu diesem Zeitpunkt konnte man immer seine Dollar gegen Gold tauschen (**also nicht Gold kaufen**). Auf den alten Dollarscheinen stand denn auch noch, dass der Wert in Silber hinterlegt ist und jederzeit bei der Nationalbank eingetauscht werden kann.

One-dollar-silver-certificate-1899

Da das heutige Geld aber keinen Wert mehr hat, fällt bei unserem FIAT-Geld (also Dollar, Euro, Pfund und Yen) diese „Geldschöpfung" durch die Kreditvergabe nicht mehr direkt auf.

Die aktuellen „grünen Zettelchen" basieren nur noch auf Vertrauen und haben keinerlei intrinsischen Wert. Daher steht auf der Rückseite des Dollar-Scheines heute auch nur noch:
„In God we trust" - Umtausch in reale Werte ausgeschlossen...

In der Summe bemerkt man einen ständigen Umverteilungsprozess von den arbeitenden Menschen zu der Finanzelite (also hauptsächlich Banken bzw. deren Besitzer) und in den Bilanzen der Notenbanken eine stetig steigende Geldmenge.

Denn was passiert, wenn man die Zinsen nicht zurückbezahlen kann? Man muss einen neuen Kredit aufnehmen, um die Zinsen des alten Kredites zu bezahlen - und muss dafür natürlich nochmals Zinsen bezahlen. Die Verschuldungsspirale beginnt...

Diese ständige Vermehrung des Geldes (Ausweitung der Geldmenge) führt dazu, dass - obwohl die Mehrheit ja dem Wert des Geldes immer noch vertraut - der neuen höheren Summe

allen Geldes die immer noch gleiche Anzahl an Werten gegenübersteht. Daher muss man immer mehr ungedecktes Geld aufwenden, um eine Ware zu kaufen.
Der Begriff dafür ist jedem bekannt: **Inflation**.

Die Banken, die ja durch das Verleihen selbst Geld „herstellen" können, nutzen diesen Effekt, in dem sie sich selbst bei den Nationalbanken nahezu zinsfrei verschulden, um sich dann davon Werte zu kaufen (Immobilien, Aktien etc.) oder dieses Geld weiter zu verleihen und sich damit Rückzahlungsansprüche und Zinsen zu sichern.

Wir können diese Möglichkeit so aber nicht nutzen, denn wir müssen immer Zinsen bezahlen. »Experten«, die angesichts der Inflation dazu raten, sich langfristig zu verschulden, haben die Auswirkungen des Zinses nicht verstanden. Sogenannte Zinsdifferenzgeschäfte (Man kauft einen Wert, der eine Rendite von 8 Prozent erzielt und finanziert den Kauf mit einem Kredit, der 7 Prozent Zins kostet) mögen im Zeitpunkt des Abschlusses rentabel sein, bergen aber extrem hohe Risiken, denn weder der Zinssatz noch die Rendite bzw. die Höhe der Rendite sind langfristig sicher.

Wenn man dieses System verstanden hat, weiß man, dass man am besten keine Zinsen bezahlen sollte und es stattdessen das Ziel sein muss, selber (Kapital)-Zinsen zu verdienen (Sparen), denn dann profitiert man selbst von dem Zinseszinseffekt.

Das Wissen um diese Zusammenhänge ist das eine, das Verinnerlichen ist aber ein längerer Umgewöhnungsprozess, denn die meisten sind historisch anders geprägt.

Denn nur wer diese Erkenntnis auch tatsächlich zur Grundlage seines Handelns macht, kann von Ihr profitieren.

So erklärte schon Albert Einstein, dass diejenigen, die den Zinseszins verstehen, das Geld verdienen - und die anderen das Geld dafür bezahlen!

Geduld

Unsere Gesellschaft ist sehr schnelllebig geworden. Der Konsum prägt nicht nur die Medienlandschaft mit Werbung, Produktvorstellungen, Vergleichsberichten, Tests, sondern auch unser menschliches Miteinander: das neue Auto des Nachbarn, die neue Spielkonsole des Freundes, das neueste iPhone des Arbeitskollegen, die neuen Anschaffungen der beliebten Youtuber. Selbst wenn nicht mit Neuanschaffungen ›angegeben‹ wird, entsteht eine Art Konsumzwang bzw. das Gefühl der Frustration »weil man der Einzige ist, der sich das nicht leisten kann«.

Gerade auch Familien mit Kindern sind durch konsumierende Schulfreunde mit den neuesten Trendschuhen oder angesagten Shirts ›konsumzwanggefährdet‹ - Du must also ein bewussteres finanzielles Handeln im Kreise Deiner Familie besprechen, damit allen die Veränderungen bewusst werden.

Diese Impulse aus dem persönlichen Umfeld und natürlich aus der Medienlandschaft hämmern Tag ein Tag aus auf uns ein und verleiten uns ohne eine Finanzstrategie dazu, auch dann zu kaufen, wenn wir es uns nicht leisten können. Diese Unart wird durch verkaufsfördernde Maßnahmen wie Null-Prozent-Finanzierung, Zahlung in 3 oder mehr Raten oder Zahlpausen bis Weihnachten gezielt gefördert.

Mache Dich davon frei!

Du kannst weder Deine Schulden loswerden noch finanziell frei werden, wenn Du für Gebrauchsgegenstände Kredite aufnimmst oder eine andere Finanzierungsform wählst!

Um dem ›automatisierten Konsum‹ zu entgehen, empfehle ich zuerst, alle Konto- und Kreditkarten aus Brieftasche und Geldbörse zu entfernen. Konsum muss wieder bewusster werden:

Das Herüberreichen der Karte hat die Ausgabehemmschwelle extrem reduziert. Und genau darum versuchen Staat und Banken ja auch, dass Bargeld abzuschaffen, denn elektronisches Geld erleichtert nicht nur die Geldschöpfung der Banken, sondern erhöht den Verschuldungsgrad der Bevölkerung.
Das Bezahlen mit Bargeld macht einem ja den ›Verlust‹ des Vermögens deutlich, denn die Scheine sind weg. Die Karte bekommt man zurück, aber man hat eben nicht nur mit seinem guten Namen bezahlt.

Daher hat Bargeld enorme Vorteile, derer uns die Finanzmachtelite und die, denen dienende Regierungen berauben will (ach nein: Die Gründe waren ja Terrorismus und Geldwäsche).

Besonders spontane Käufe (sogenannte Impulskäufe) sollte man auf **JEDEN FALL** verhindern, denn der emotionale Wunsch, etwas Schönes nun auch direkt besitzen zu wollen und die Erfahrung, dass einem der Kauf ein Gefühl des Glücks beschert, wollen uns ständig verleiten. Doch erinnere dich einmal an größere spontane Käufe in der Vergangenheit: das neue iPhone, dass Du gekauft hast, obwohl Dein altes noch prima funktioniert, die teure Designerhandtasche, die nach einigen Tagen dafür sorgte, dass

Dein Lebensmittelbudget nicht mehr ausreichte oder sogar, dass Du Deine Rechnungen nicht mehr bezahlen konntest.

Hand aufs Herz: Wie oft hast Du einige Tage nach solchen Spontankäufen gedacht, dass das eigentlich ein Fehler war oder zum Mindesten aktuell nicht nötig?

Wenn Du abwägst, ein spontanes Glücksgefühl gegen langfristig negative Auswirkungen, ist die intellektuelle Entscheidung klar, aber die Emotionen versuchen, uns halt zu verführen.

Das Hauptproblem bei Veränderungen der Ausgaben und auch bei Geldanlagen ist die Dynamik. Zu Anfang merkt man die Auswirkungen nämlich kaum. Der Effekt des Zinseszinses wirkt aber mit steigender Laufzeit überproportional.

In der Anfangsphase, in der man gerne schon eine Bestätigung quasi als Belohnung für seine Veränderungen spüren möchte, machen sich die Auswirkungen leider nur minimal bemerkbar. Das raubt vielen, die den richtigen Weg eingeschlagen haben, die Motivation weiter zu machen. Man braucht daher nicht nur das Wissen darum, sondern auch Geduld.

Strategieüberlegungen

Selbst wenn Deine Finanzanalyse aus dem Startkapitel per saldo ein Plus hat, Du also nicht wirklich verschuldet bist, solltest Du alle Kredite als erstes abbauen.

Denke an die Erkenntnis aus dem Kapitel Geld und Zins!

AB HEUTE:
Keine Ausgaben für irgendwelche Konsumgüter, wenn das Geld dafür nicht **vorher** angespart wurde.

Erster Schritt für den Strategieplan:
Rückzahlung aller Konsumschulden (also Ratenzahlungen, Kredite, Kontoüberziehungen, Kreditkartenschulden). Am besten legt man die Reihenfolge nach der Höhe des Kreditzinssatzes fest: die teuersten flexiblen Kredite zuerst (Kontoüberziehungen oder Kreditkartenschulden).

Umsetzungstipps:

Ein Strategieplan ist nur dann sinnvoll, wenn wir auch ins Handeln kommen und beginnen, den Plan Schritt für Schritt zu realisieren.

Jetzt wird es Ernst, denn der Weg zur Entschuldung und/oder zur finanziellen Freiheit führt durch ›das Tal der Tränen‹. Ohne

Veränderungen, die vielfach auch Entbehrungen sein werden, kann man dem Geldmachtsystem nicht entkommen.

Aber mir geht es jetzt doch eigentlich ganz gut und ich habe mein ›Auskommen‹, warum sollte ich mich einschränken, damit es mir bessergehen soll?

Wer das Geld- und Zinssystem verstanden hat, muss es ausnutzen und entsprechend handeln. Ich kann verstehen, wenn Du aus moralischen, ethischen und humanitären Gründen gegen das Zinssystem bist und es lieber heute als morgen abschaffen möchtest - das möchte ich auch!

Aber, die Realität ist, dass es nun einmal noch da ist, und ein Umgehen mit Genossenschaften, ›ethischen Banken‹ und ähnlich kleinen Schritten das System nicht nachhaltig bewegen kann. Ein herrschendes Machtsystem kann nur mit Gewalt (was natürlich ausscheidet) oder mit systemeigenen Mitteln attackiert werden.

Wenn sich alle Menschen den Konsumzwängen weitestgehend entziehen und ihre Schulden abbauen und stattdessen Zinsen verdienen, ist den Mächtigen die Macht genommen.

Der Weg aus den Schulden und in die finanzielle Freiheit führt also über einen hohen mindestens 20-prozentigen Anteil der Ausgaben für die Rückzahlung von allen Verbindlichkeiten bzw. wenn das geschafft ist einen hohen Sparanteil.

Merke: Alle wohlhabenden Menschen sparen (legen an) einen signifikanten Anteil ihres Einkommens und nutzen den Zinseszinseffekt.
Sie nehmen niemals Kredite für Konsumausgaben auf.

»Das kann ich aber nicht. Ich komme doch gerade soeben mit meinem Geld aus und kann mir nicht einmal einen schönen Urlaub leisten ...«

Ich habe in meiner langjährigen Historie bisher nur einen einzigen Fall erleben müssen, bei dem dies tatsächlich zutraf!
Jetzt hilft nur Ehrlichkeit zu sich selbst und die genaue Bewertung der Aufstellungen aus dem Kapitel Start - Du erinnerst Dich?
Wenn Du das Kapitel übersprungen haben solltest, kehre dorthin zurück und beginne mit der Arbeit – sonst bleibt es theoretisch und sinnlos!

Die Einnahmen können wir leider nicht unmittelbar beeinflussen - höchstens durch die Annahme eines (weiteren) Jobs oder Maßnahmen, den Profit unseres Unternehmens zu steigern. Dies ist natürlich sehr spezifisch.
Der einfachere und schneller Erfolg versprechende Weg führt über die Kürzung Deiner Ausgaben für andere und anderes.

Warum schreibe ich das gerade so?

Weil die Ausgaben weiterhin 100 Prozent der Einnahmen sein werden. Der Unterschied liegt künftig nur darin, dass Du Dich auch selbst bezahlst!

Du bezahlst Deinen Vermieter oder Deine Bank für die Miete oder Hypothek.
Du bezahlst den Autohändler, die Versicherung, das Finanzamt, die Autowerkstatt, den Tankwart und die Parkhausbesitzer.
Du bezahlst den Lebensmittelhändler, den Restaurantbesitzer und den Eigentümer des Fitnessstudios.

Wir wollen jetzt aber erreichen, dass Du Dich bezahlst.
Du brauchst nämlich Geld für Deine Entschuldung und/oder Erreichung Deiner finanziellen Freiheit. Die Wahrscheinlichkeit im Lotto zu gewinnen, liegt bei 1 zu 139.838.160 und ist damit eine schlechte Alternative. Also machen wir es selbst:

Das Ziel ist:
Mindestens

20% der Einnahmen als Freiheitsausgabe für uns selbst (anfänglich Rückzahlung von Schulden und später Ansammeln von Vermögen für die finanzielle Freiheit)

10% der Einnahmen für Spaß und Freude für uns selbst (aus diesem ›Topf‹ kann ein Urlaub, ein Wochenendtrip oder auch ein Konsumgut bezahlt werden, das Dir Freunde macht - Paare/Familien sollten für jeden einen eigenen Etat haben, über den jeder selbst verfügen kann - bei Kindern natürlich nur in Absprache und mit einem kleineren Anteil.)

10% der Einnahmen für gute Taten (Spenden). Es ist durch viele wissenschaftliche Erhebungen bewiesen, dass nahezu alle wohlhabenden Menschen mit ihrem Geld andere unterstützen.

Jetzt wirst Du vielleicht denken, die können sich das auch leisten, aber die Erhebungen haben gezeigt, dass die meisten von ihnen immer schon einen Teil ihres Geldes gespendet haben.

Ja, ich weiß auch, dass viele große Spendenorganisationen Gelder für Verwaltung und Akquise ausgeben oder sogar veruntreuen. Doch darum geht es nicht. Spende unmittelbar, wenn Du willst. Geh' in ein Obdachlosenheim, ein Alten- oder Kinderheim oder spende an örtliche Institutionen (Kindergarten, Schule, Tierheim), die Du kennst und zu denen Du einen unmittelbaren Bezug hast. Oder unterstütze regelmäßig Geringverdiener mit einem großzügigen Trinkgeld.
Wenn Du religiös bist, kennst Du den ›Zehnten‹ aus der Bibel. In Malechi 3 Vers 10 wird sogar ein von Gott den Israeliten vorgeschlagenes Abkommen genannt:

»Ich, der HERR, der allmächtige Gott, fordere euch nun auf: Bringt den zehnten Teil eurer Erträge in vollem Umfang zu meinem Tempel, damit in den Vorratsräumen kein Mangel herrscht! Stellt mich doch auf die Probe und seht, ob ich meine Zusage halte! Denn ich verspreche euch, dass ich dann die Schleusen des Himmels wieder öffne und euch **überreich** mit meinem Segen beschenke.«

Gott offeriert also einen Return von mehr als 100 Prozent, wenn man zehn Prozent seines Einkommens spendet (damals war es Getreide für die Priester).
Auch in anderen Lehren und Philosophien herrscht Einigkeit darüber, dass das Gute, das man selbst tut, einem auch von anderen widerfahren wird.

Wenn Dir diese Prozentsätze zunächst zu hoch erscheinen, kannst Du Spaß und Spenden in der Anfangsphase auch reduzieren. Die Freiheitsausgaben MÜSSEN aber mindestens 20 Prozent der Einnahmen ausmachen - auch wenn es schwerfällt:
Nur das bringt Dich zum Ziel der persönlichen finanziellen Freiheit!

Natürlich bedingen solch hohe Freiheitsausgaben auf der anderen Seite bei den meisten Menschen eine deutliche Reduzierung der Ausgaben für anderes.

Die exakte Auswertung aller Ausgaben eines Jahres in der Bestandsaufnahme erleichtert nun die Analyse und Ermittlung des Veränderungspotentials.

Mir ist klar, dass die erforderlichen Veränderungen schwierig sind und notwendige Einschnitte bei Konsumausgaben ›Opfer‹ fordern. Das zeigt aber nur, wie sehr wir durch unsere Konsumgesellschaft manipuliert sind. Die Werbung hat nur eine wichtige Aufgabe, neue Bedürfnisse zu wecken und Spontankäufe zu initiieren. Sich gegen diese äußeren Einflüsse zur Wehr zu setzen, ist schwierig.

Daher müssen wir unsere Ausgaben in aller Ruhe bewerten.

Bewertung

In einer allgemeinen Darstellung wie in diesem Buch kann ich natürlich nicht alle denkbaren Ausgabepositionen meiner Leser hinterfragen. Ich kann nur einige, grundsätzliche Anmerkungen zu den häufigsten ›Tabu‹-Ausgaben machen, die viele als ›unumstößlich‹ ansehen:

Miete / Hypothek

Bei vielen eine große Ausgabeposition, wenn nicht gar die größte Ausgabeposition. Viele Menschen haben eine schöne Wohnung zu einer Zeit bezogen, als ihre persönlichen Umstände noch anders waren (hoch bezahlter Job, Kinder im Haus). Nach der Veränderung der Umstände also zum Beispiel dem Auszug von Kindern hatte man sich dann so an seine Wohnung gewöhnt, dass eine „Anpassung an die aktuellen Lebensumstände" nie auch nur einen Gedanken Wert war.
Brauchst Du aber wirklich eine 3-Zimmer Wohnung, wenn Du zu zweit oder gar allein bist?
Brauchst Du ein großes Haus mit einer teuren Resthypothek, wenn man nach einem Verkauf mit dem verbleibenden Geld ein kleines Haus ganz ohne Kredit bezahlen könnte?

Oder Du hast eine teure Wohnung in der Innenstadt gemietet, um einer Arbeitsstelle näher zu sein. Nach der Veränderung der Stelle aber die Wohnung behalten. Muss das sein?

Ich weiß, dass solche Fragen oft als TABU nicht angesprochen werden und ich verstehe sogar, wenn man manches nicht verändern WILL.

Richtig ist aber, dass man es ändern kann - auch wenn das manchmal unbequem ist.

Aber

Bequemlichkeit ist der Feind der Freiheit!

Auto

Jetzt wird es ganz gefährlich für mich...

Ich bin selber ein Autofan und habe in der Vergangenheit oft gleichzeitig mehrere verschiedene Luxusautos besessen also eine besondere Affinität zu diesem Thema. Ich weiß daher auch sehr genau, welche *scheinbaren* Argumente es für schöne, große oder besondere Fahrzeuge gibt - schließlich musste ich meine Frau überzeugen...

Tatsächlich habe ich aber nie ein Auto finanziert oder geleast und mir immer nur das gekauft, was ich auch bezahlen konnte.

Leasing auf Kilometerbasis (niemals auf Restwertbasis!) kann auch sinnvoll sein, wenn es ›das richtige Auto‹ ist. Und genau da gehen Wunsch und Wahrheit oft weit auseinander.
Cabrio oder Sportwagen oder Luxuslimousinen sind schön, aber gehören nicht in die Kategorie notwendiges Auto.
Da wir gerade dabei sind: Brauchst Du überhaupt ein eigenes Auto? Oder ist es nur nett? Oder nur, weil der Nachbar auch eines hat?

Klar, wenn man aus ländlichen Regionen in die Stadt zur Arbeit pendelt, muss man zum Mindesten zum Bahnhof gelangen oder vielleicht auch mit einer Fahrgemeinschaft mit dem Auto pendeln. Heute können auch Kleinwagen leicht 4-5 Personen bei geringen Kosten transportieren und ein Kia, VW Up, VW Polo, Ford Fiesta oder Opel Adam erfüllt den gleichen Fortbewegungszweck wie ein Mittelklasseautomobil.

Der Wert des Autos sollte nach einer Faustregel zwei Monatseinkommen nicht übersteigen! Ein schicker finanzierter oder geleaster Audi A 5 Quattro befriedigt vielleicht ein wenig das Prestigebedürfnis - entfernt Dich aber von der Erreichung Deines Zieles der Entschuldung und/oder der finanziellen Freiheit.

Also 2000 Euro Monatseinkommen bedeutet, das Auto sollte nicht mehr als 4000 Euro kosten.
Mehr sollte man nur ausgeben, wenn man es aus dem persönlichen Spaß-Budget entnehmen kann. Doch dazu später mehr.

Wichtig:

Es geht nicht darum, ob Du eine Leasing- oder Finanzierungsrate für das größere, schönere, neuere, verbrauchsärmere, umweltfreundlichere Auto bezahlen kannst, sondern ob die Gesamtausgaben für ein solch hochpreisiges Konsumgut deinem Einkommen- beziehungsweise Vermögensstand entsprechen.

In der Kapitalbildungsphase verhindert jedes aufwendige und teure Auto deinen künftigen Wohlstand.

Ist das Auto zu groß oder zu teuer hilft nur eins: VERKAUFEN oder versuchen, eine vorzeitige Leasingrücknahme zu erreichen. Damit lassen sich in vielen Fällen ungeheure Summen einsparen, denn der Polo ist auch in Versicherung, Steuer, Wartungskosten und Spritverbrauch deutlich günstiger als der große Audi.

Das ist hart, ich weiß - aber ich habe es oben schon geschrieben:
Ohne Veränderungen, die vielfach auch Entbehrungen sein werden, kann man dem Geldmachtsystem nicht entkommen.

Als Argument für den Nachbarn kann ja die größere Umweltfreundlichkeit angeführt werden: »Du mit Deinem Riesenschlitten zerstörst mit dem hohen CO_2-Ausstoß unsere ganze Erde« - das ist zwar Unsinn, wirkt aber als Argument. Vergleichen wir einmal nur Leasingraten (ohne Kfz-Versicherung, Steuer und Spritverbrauch):

Wenn Du einen Mercedes der E-Klasse (E 300 ohne Extras) für 36 Monate mit 20000 km pro Jahr least, zahlst Du bei einem großen Anbieter aktuell über 750 Euro pro Monat. Wenn Du bei dem gleichen Anbieter zu gleichen Konditionen einen Polo least, kostet dieser dich nur 150 Euro pro Monat.

Mit einem monatlichen Investmentplan in Höhe des Differenzbetrages kannst Du bei angenommen 10 Prozent Rendite (also der Langfrist-Rendite eines guten Aktienfonds) in gut 28 Jahren geänderten Konsumverhaltens

Millionär

sein.

Der Mercedes kostet Dich gegenüber dem VW Polo also nicht nur 600 Euro pro Monat, sondern langfristig bewertet ein Millionenvermögen!

Der Mensch tut sich nur so schwer damit, den Zinseszins gedanklich hochzurechnen.
Klar: Dieses Beispiel ist ziemlich extrem. Ich wollte damit nur aufzeigen, welchen Einfluss die unterschiedliche Höhe von Konsumausgaben heute und in den nächsten Jahren auf Dein Vermögen haben.
Schon 100 Euro Unterschied im Monat machen über ein Arbeitsleben von 39 Jahren ein Vermögen von 500.000 Euro aus.

Versicherungen

Viele Versicherungen, die aufmerksame Finanzberater Dir in der Vergangenheit verkauft haben, sind unnötig oder zum Mindesten zweifelhaft. Zum Beispiel gewähren Rechtsschutzversicherungen

meist nur dann eine Deckungszusage, wenn die Erfolgsaussichten sehr groß sind. Aber wofür brauche ich dann eine Versicherung? Hier entscheidet natürlich immer die persönliche Situation, so dass ein allgemeines Buch immer nur falschliegen kann.
Mir geht es nur darum, dass Du jede Ausgabe wirklich kritisch hinterfragst und mit der ein oder anderen Kündigung Geld einsparen kannst, ohne eine Einschränkung hinnehmen zu müssen.

Alle Kapitalversicherungen sind ungünstig! Ob hier eine Kündigung, ein Verkauf oder eine Beitragsfreistellung sinnvoll ist, kann man nur im Einzelfall prüfen.

Versicherungsvertreter verdienen nur am Verkauf und verlieren bei einer Kündigung - sei also kritisch!

Tipp:

Auch ein Versicherungswechsel kann Beiträge sparen.
Achte aber darauf, dass viele Internet-Vergleichsportale die günstigsten Direktversicherungen gar nicht mit vergleichen! (Die Portale erhalten nämlich auch Provisionen und verdienen dadurch.)
Auch eigentlich zur Objektivität verpflichtete Versicherungsmakler müssen Direktversicherungen nicht mit berücksichtigen, da keine externe Betreuung (und Provisionen für sie) möglich ist.

Strom

Über viele Angewohnheiten denken wir gar nicht mehr nach: Man kommt Heim und macht das Licht überall an, das Fernsehen läuft und keiner ist im Raum oder hört hin usw.
Mit einem etwas bewussteren Ressourcenumgang kannst Du einige Prozent des Energieverbrauchs einsparen. Probiere es einmal aus...
Zudem kann auch über freie Anbieter Geld gespart werden.

Genussmittel

Rauchst Du noch? Welche finanziellen Auswirkungen das hat, weiß mittlerweile ja fast jeder. Wirklich?
Denn die Einsparungen sind ja nicht auf den Preis der Schachtel Zigaretten täglich begrenzt. Aktuell kostet eine Schachtel wohl um 6,50 Euro. Wenn Du also pro Tag eine Schachtel rauchst, sind das also 195 Euro im Monat.
Nehmen wir an, dass Du 30 Jahre alt bist. Bis zu Deinem 65. Lebensjahr gibst Du dann 81.900 Euro für Zigaretten aus - falls diese nicht wie in der Vergangenheit von Jahr zu Jahr teurer werden...

Das ist ja schon eine Menge Geld, aber wenn Du diesen Betrag regelmäßig anlegst, und sagen wir 9 Prozent Rendite/Zinsen und Zinseszins bekommst, wird dieser Betrag zu mehr als einer halben Million Euro. Nehmen wir zum Beispiel einen guten Aktienfonds, wie den Templeton Growth mit der Durchschnittsrendite aller 34

historisch möglichen 30 Jahresperioden, kommen wir auf 11,32 % pro Jahr.
Der Verzicht auf eine Schachtel Zigaretten am Tag bringt dann sogar 914.062 Euro.

Wenn man dann zum ›Rentenzeitpunkt 65‹ diesen Betrag in einen konservativen Fonds oder Festgeld mit nur 3 Prozent Zinsen pro Jahr umschichtet, kann man **unbegrenzt monatlich 2248 Euro entnehmen**, also auf Ewigkeit.

Eine Schachtel Zigaretten pro Tag gegen 2248 Euro Rente tauschen, nenne ich ein gutes Geschäft. Und wenn es 6,8 Prozent Rendite werden, kann man sogar 5000 Euro monatliche Rente entnehmen.

Bezahle Dich selbst und nicht die Zigarettenindustrie.

Dies ist natürlich nur eine Beispielrechnung mit Renditezahlen aus der Vergangenheit, diese können in der Zukunft besser oder schlechter sein. Im Übrigen ist es auch keine Empfehlung für den Templeton-Fonds, sondern nur ein Beispiel, da dieser halt schon über eine fast 65-jährige Geschichte verfügt. Die Zahlen des ähnlich alten Pioneer Fonds liegen übrigens auf dem gleichen Niveau.

Auf eine Flasche Bier am Tag zu verzichten bringt in obigem Altersbeispiel auch bereits 300 Euro Dauerrente.
Der tägliche Latte macchiato bei Starbucks oder McDonalds bringt so fast 1000 Euro Rente!
Selber Kaffee kochen, bringt also mehr als die Deutsche Rentenversicherung...

Mir geht es nicht darum, den köstlichen Frappuccino von Deiner Genussliste zu streichen - es geht darum, tägliche Routinen zu überdenken und sich die langfristigen Auswirkungen von regelmäßigen Konsumausgaben zu verdeutlichen.

Vereine / Verbände / Abonnements

Im Laufe unseres Lebens ändern sich unsere Einstellungen und Interessen. In der Euphorie eines neuen Hobbys abonniert man dann zum Beispiel eine Zeitschrift und/oder tritt einem Verband bei, um regelmäßig informiert zu werden. Im Laufe der Zeit verliert man aber manchmal das Interesse oder hat schlicht nicht genug Zeit. In diesen Fällen wandern die Zeitschriften oft ungelesen auf einen großen Stapel. Man verpasst dann auch schon mal einen Kündigungstermin.

Das gleiche gilt auch für Online-Abos von kostenpflichtigen Apps oder Dienstleistungen, Zugängen zu kostenpflichtigen Mitgliederbereichen etc.

Die meisten Menschen haben solche sinnlosen Ausgaben, weil unser Leben halt im stetigen Fluss ist.

Die Ausgabenanalyse spürt solche unbewussten Ausgaben auf.

Alles

Richtig gelesen: alles. Wenn wir finanziell frei werden wollen, gehört **jede** Ausgabe auf den Prüfstand. Es geht natürlich nicht darum, alles zu streichen und zu reduzieren.
Ziel ist es vielmehr, **unnötigen** oder übertriebenen Konsum zu Gunsten künftiger Freiheit aufzuspüren. Das Ganze kann sehr spannend sein, denn eine entdeckte unnötige Ausgabe gibt Dir Auftrieb für die weitere Suche.

Tipp

Gerade in der Anfangsphase der Ausgabenanalyse ist es auch sehr hilfreich, wenn man alle Ausgaben, die man mit Bargeld abwickelt, aufschreibt.
Erstens verschafft man sich so die Übersicht über regelmäßige Ausgaben und zweitens spürt man große Kostentreiber auf. Der dritte Vorteil ist der, dass man sich jede Ausgabe auch bewusstmacht, wenn man sie in einem ›Haushaltsbuch‹ notiert. Natürlich muss man heute nicht mehr mit Bleistift und Papierkladde herumlaufen, sondern kann das ohnehin immer mitgeführte Smartphone nutzen.
Das gleiche gilt für Ausgaben per Konto- oder Kreditkarte und vor allem auch für Online-Bestellungen, denn dort verliert man leicht die Übersicht, weil man ja meist mit Kreditkarte bezahlt.

Planung

Zu Beginn des Strategiekapitels habe ich ja schon auf die wesentliche Umschichtung hingewiesen, die Leitschnur unserer künftigen Finanzstrategie werden muss.

Wir müssen uns selbst zuerst bezahlen und als Ausdruck unserer eigenen Wertschätzung einen sehr hohen Anteil für die Freiheitsausgaben und für unser Vergnügen vorsehen.

Wie ist Dein Ergebnis der Ausgabenanalyse?
Konntest Du genug Ausgabepositionen reduzieren, um 40 Prozent Deiner Einnahmen umzuschichten?

Der größte Teil der Leser wird hiermit noch keinen vollen Erfolg gehabt haben.
Sorge Dich nicht: Deine Situation ist nicht so ungewöhnlich.

Das Hauptproblem ist, dass man im ersten Schritt nur die wirklich unnötigen Ausgaben an Dritte streicht, da man dadurch keine einschneidenden Veränderungen hinnehmen muss.
Die Veränderungen der Großausgaben wie Miete und Auto sind zum einen schwerer einzusehen, wenn einem der Erfolg noch nicht wirklich klar ist, und zum anderen ja auch viel schwerer umzusetzen, denn in eine kleinere bzw. günstigere Wohnung zu ziehen bedarf umfangreicher Vorbereitung. Ebenso ist es natürlich in den seltensten Fällen möglich, ein zu großes Auto kurzfristig günstig zu verkaufen (zumal wenn man es finanziert hat).

Um bei der Umschichtung zum Ziel zu gelangen sind also ›mehrere Runden‹ erforderlich, die Dir immer leichter fallen werden, wenn Du erst einmal erkannt hast, wie es die eigene (finanzielle) Freiheit beflügeln kann.
Wichtig ist vor allem, dass Du jetzt nicht aufhörst, sondern auch die ›unliebsamen‹ Änderungen angehst!

Wir müssen zunächst unterschiedliche Ausgangssituationen trennen:

Schulden und Verpflichtungen

Unsere Freiheitsausgaben sollten wir zunächst in vollem Umfang einsetzen, um unsere Verschuldung zu reduzieren. Ich unterscheide mich in diesem Punkt etwas von anderen Finanzplanern und Strategen, die daneben mit einem Teil der Freiheitsausgaben (die nennen es dann Sparquote, oder Sparbetrag - aber mit sparen hat das ja gar nichts zu tun!) eigenes Guthaben aufbauen.
Deren Variante hat meist nur psychologische Gründe, weil Du dann durch einen wachsenden Guthabenstand einfacher erkennen kannst, dass Dir die Einschränkung bei den anderen Ausgaben wirklich Vorteile bringen.

Diese Methode hat aber zwei entscheidende Nachteile:

Erstens sind die Zinsen, die Du für Kredite zahlen musst immer höher als die Zinsen, die Du für Dein Erspartes bekommst und

zweitens bleibst Du so länger in der Abhängigkeit von Banken, Kreditkartenunternehmen und anderen Kreditgebern.

Daher gehen wir den schnelleren Weg zur Freiheit!

Zunächst nutzen wir die monatlichen Freiheitsausgaben, um Verbindlichkeiten bei Kreditkartenunternehmen und Kontoüberziehungen zurückzuzahlen.

Bei extrem hohen Verschuldungen in diesen sehr teuren Kreditsegmenten kann sich auch eine Umschuldung in einen flexiblen Ratenkredit oder im Fall, dass Du eine Immobilie hast, eine Aufstockung der Hypothek lohnen. **Dabei ist es aber wichtig, dass Du sowohl die eingesparten Zinsen als auch die Freiheitsausgaben für die schnellere Tilgung einsetzt.**

Die Kreditkarten und Bankkarten sind doch nicht mehr in Deiner Geldbörse, oder? Falls doch:

Lesepause:
Zuerst Geldbörse bzw. Brieftasche holen. Kreditkarten und Kontokarten herausnehmen. Dann einmal im Monat das (GEKÜRZTE) Budget in Bargeld abheben - aber niemals vollständig mitführen.

Tipp:

Mache Dir einen kleinen Zettel, den Du in die Geldbörse steckst:

Brauche ich das wirklich? Ist es das Wert, dass ich meine Freiheit verspätet erreiche? Ist der Preis angemessen?
Wenn Du alle Fragen mit JA beantwortet hast, warte bis morgen und frage es dich noch einmal - kaufe erst, wenn Du auch dann noch 3 x Ja sagst.

2. Tipp

Nehme Dir ein paar Umschläge, die Du mit verschiedenen Verwendungszwecken beschriftest, und in die Du jeweils einen Anteil des Bargelds hineinlegst. So weißt du, dass Du am Monatsende für deinen Hund auch noch Frolic kaufen kannst.

Zurück zum Thema:

Diese kurzfristigen Verbindlichkeiten haben in aller Regel die höchsten Zinssätze, so, dass wir mit einer schnellen Rückzahlung sofort eine massive Reduzierung der Zinslast erreichen. So liegt der Überziehungszins im Januar 2020, als ich diese Aktualisierung verfasse bei der Deutschen Bank in Deutschland bei 14,90 Prozent. Bei einer Überziehung von 1000 Euro sind das beispielsweise mehr als 12 Euro pro Monat.

Nicht viel? Denke jetzt wieder an den Zinseszins!

Eine eingesparte Überziehung von 8000 Euro bringt Dir über 38 Jahre weitere 500.000 Euro an Freiheitskapital!

Wenn man seine Kreditkartenschulden nur mit dem monatlichen Mindestbetrag zurückzahlt, kann dies noch sehr viel übler sein: Kreditkartenunternehmen berechnen zum Teil mehr als 25 Prozent Zinsen.

Glücklicherweise ist in Europa im Gegensatz zu Nordamerika eher die vollständige Tilgung per Monatsabrechnung üblich. Bis zum Abrechnungstag fallen nämlich meist keine Zinsen an.

Solltest Du aber bereits so hoch verschuldet sein, dass ein Verbraucher-Insolvenzverfahren eingeleitet wurde, gibt es besonderes zu beachten. Eine gesonderte Rückzahlung einzelner Schulden ist dann nämlich sogar verboten! In einem solchen Verfahren werden die Gläubiger alle gleichmäßig am Ende des Verfahrens aus der sogenannten Insolvenzmasse bedient. In dieses Sondervermögen fließen alle Gelder, die über dem jeweiligen Freibetrag liegen, der Dir verbleibt. Die Höhe dieses Freibetrages hängt von Deiner individuellen familiären Situation ab.

Wichtig ist in diesem Falle diese sogenannte Wohlverhaltensphase zu nutzen, um sich finanziell so aufzustellen, dass es nach Abschluss des Verfahrens und der Restschuldbefreiung sofort zielgerichtet und gut organisiert weitergeht.

Wichtig: Der Insolvenzverwalter vertritt **NICHT** Deine Interessen, sondern ist der Vertreter der Gläubiger, weshalb ich bestimmte Auswirkungen eines Insolvenzverfahrens übrigens für verfassungswidrig halte. Es ist also keine gute Idee, diesen um Rat zu fragen, falls Du in so eine Situation kommst.

Eventuelle Freiheitsausgaben sollten in dieser Zeit für die Erneuerung benötigter Haushaltsgegenstände, Computer etc. verwandt werden, da das Budget in der Regel dann extrem eingeschränkt ist und Vermögen ohnehin nicht angesammelt werden darf.

Einfacher und schneller ist die finanzielle Freiheit natürlich zu erlangen, wenn vorher keine oder nur geringe Verbindlichkeiten vorhanden sind.

Arbeitslosigkeit

Die Arbeitslosigkeit ist in unterschiedlichen Lebenssituationen natürlich auch anders zu bewerten. Nach abgeschlossenem Studium oder Ausbildung noch keine geeignete Stelle gefunden zu haben ist in der Regel ein geringeres Problem als mit 55 Jahren aus Rationalisierungsgründen den bisherigen Arbeitsplatz verloren zu haben.
Die überbrückende Arbeitslosigkeit zwischen zwei Jobs oder die gewollte Auszeit für Weltreise oder Kindererziehung bewerte ich in diesem Sinne gar nicht als Arbeitslosigkeitsproblem, obwohl die gespürte Freiheit in vielen Fällen die Reintegration in einen 8-Stunden-Job oft schwermacht.

Das Einkommen ist hier durch Hartz-IV oder Arbeitslosengeld klar vorgegeben und kann nicht durch gute Arbeitsleistung mit einer Gehaltserhöhung dotiert werden. Geringe Nebeneinkünfte sind häufig aber möglich, so dass man durchaus in Richtung Einkommenserhöhung denken kann.

Dabei denke ich jetzt nicht an den vielleicht erlernten oder studierten Beruf, sondern eher an die Möglichkeiten, die unsere global vernetzte Welt bietet.
Es gibt so viele Nebenbeschäftigungen, die per Computer und Telefon heute von überall erledigt werden können. Vor allem eigene Interessen und Hobbys sollten bei den Überlegungen berücksichtigt werden, da man dann mit viel mehr Spaß bei der Sache ist.
Spielt man gerne Fußball, kann man zum Beispiel schauen, ob man nicht als Übungsleiter im Jugendbereich aktiv werden kann. Natürlich verdient man keine Reichtümer, aber man erzielt mit Spaß und Freude Zusatzeinkommen. In diesem Fall sogar steuerbegünstigt.

Einschub:

Was passiert bei Veränderungen mit meiner Budgetplanung? Wie sieht es mit zusätzlichen Einnahmen aus?

Der große Vorteil der Herangehensweise, zuerst die Ausgaben umzuschichten, ist der, dass man sich an geringe Konsumausgaben gewöhnt oder zum Mindesten damit abgefunden hat.
Ganz automatisch wurden teure Restaurant- und Gaststättenbesuche soweit reduziert, dass sie nicht mehr zur

täglichen Routine gehören, sondern wieder bewusst als etwas Besonderes wahrgenommen werden.

Ausgehend von diesem reduzierten Ausgabeniveau fällt es uns leichter, die Hälfte aller regelmäßigen oder auch einmaliger Mehreinnahmen sofort als Freiheitsausgaben zu verwenden. Vom verbleibenden Betrag werden dann wieder 10 Prozent in den persönlichen ›Spaß-Topf‹ und 10 Prozent in den ›Spenden-Topf‹ gezahlt. Achtzig Prozent des Restes (also 30 Prozent der eigentlichen Mehreinnahme) steht uns für höhere Konsumausgaben in allen anderen Kategorien zur Verfügung.

Bilden wir dazu ein Beispiel:
Bisheriges Einkommen 2000 Euro
Freiheitsausgaben 400 Euro, Spaß-Topf 200 Euro, Spenden 200, Restbudget 1200 Euro

Erhöhtes Einkommen 2100 Euro:
Jetzt gehen 50% der Erhöhung in Höhe von 100 Euro, also 50 Euro zusätzlich in die Freiheitsausgaben, die damit von 400 auf 450 Euro ansteigen.
10 Prozent der Erhöhung, also 10 Euro zusätzlich in die Spaßausgaben, die damit von 200 auf 210 Euro ansteigen.
Genauso verfahren wir mit den Spenden.
Das Restbudget erhöht sich somit von vorher 1200 auf 1230 Euro.
Obwohl Dir so von den ursprünglich 100 Euro Erhöhung nur 30 Euro für Dein Monatsbudget verbleiben, kommen aus der Fünf-Prozent-Steigerung deines Einkommens in Deinem frei verfügbaren Spaß-Budget auch genau diese 5 Prozent an.

Deine Freiheit profitiert aber am meisten und wenn Du noch Kontoüberziehungen hast, spürst Du auch die Zinslastreduzierung Monat für Monat.

Angestellter

Mit dem klaren Ziel der finanziellen Freiheit vor Augen gehst Du Dein Leben zielorientierter und selbstbewusster an. Das färbt auch auf Deine beruflichen Aktivitäten ab. Die Chancen, Dein neues Selbstbewusstsein zum Beispiel beim nächsten Gehaltsgespräch in klingende Münze umzuwandeln, stehen gut. Ich bin aber kein Freund der Hurra-Motivations-Bücher, die Dir vormachen, jeder könne kurzfristig eine 30%-ige Lohnerhöhung bekommen, wenn er es nur will. **Das ist schlicht Unsinn!**

Ich war selbst einige Jahre im öffentlichen Dienst tätig und weiß um die Starrheit und Ungerechtigkeit eines Systems, für das Leistung nicht der Maßstab ist. In einigen Fällen wirst Du also in Deinem Job auf Erhöhungen aus Altersgründen etc. warten müssen.
ABER: Wer in einem solchen starren System ist, kann seine Entwicklung ja nach außen verlegen und gleichzeitig eine Nebenbeschäftigung annehmen oder noch besser selbständig/ freiberuflich etwas aufbauen. So hat man die Sicherheit des Arbeitseinkommens und kann die Dynamik der Selbständigkeit nutzen.

Selbständigkeit

Der Schlüssel zur Steigerung des Einkommens aus selbständiger Tätigkeit liegt klar in der Fokussierung. Die Ausrichtung kann dabei entweder auf eine Produktgruppe oder auf eine Kundenzielgruppe erfolgen.

Beispiel: Du bist Versicherungsvertreter. Denke darüber nach, ob Du Dich nur auf eine bestimmte Versicherungskategorie spezialisierst und zum Beispiel Experte für private Krankenversicherungen wirst. Nach einiger Zeit der Fokussierung wirst Du dann nämlich als Experte wahrgenommen und kannst zum Beispiel mit Vorträgen zu den Unterschieden von privaten Versicherungen produktunabhängig Wissen vermitteln und so indirekt Kunden akquirieren.

Oder Du konzentrierst Dich auf eine Zielgruppe wie kleine und mittlere mittelständige Unternehmen und arbeitest Dich spezifisch in die Themen Betriebsausfallversicherung, Gewerbehaftpflicht aber auch Berufsunfähigkeitsversicherungen und Kapitalversicherungen für deren Mitarbeiter ein.

Oder Du bist Schreiner und hast besonderen Spaß daran, solide Schränke und Kommoden zu bauen. Nutze Dein Können und Dein Interesse und trete in Kontakt mit exklusiven Möbelhäusern, zeige Beispiele und offeriere Maßanfertigungen. Stelle Dich nicht als Schreinerbetrieb, sondern als exklusive Möbelmanufaktur dar.

Offeriere nie nur allgemeine Dienstleistungen, sondern biete Problemlösungen.

Als Lebensmittelhändler wirst Du stets um Dein berufliches Überleben kämpfen müssen, aber als erster Bio-Laden verdienst Du im urbanen Umfeld Geld. Gibt es aber schon zwei Bio-Läden musst Du etwas Besonderes bieten, um Erfolg zu haben: zum Beispiel mit Auslieferung, mit längeren Öffnungszeiten, mit Vor-Ort-Service durch Verkaufswagen etc.

Das Thema der Chancen und Möglichkeiten der Geschäftsentwicklung ist selbst ja vielfältig und ein eigenes Buch Wert. Daher möchte ich hier nur ein paar grundlegende Prinzipien darstellen.

Dabei ist die Fokussierung bzw. die Konzentration auf Marktnischen in den meisten Fällen der Schlüssel zum Erfolg und damit zu starken Einnahmesteigerungen.

Ganz wichtig ist die Trennung von Geschäft und Privatleben - auch finanziell. Sofern Du eine Kapitalgesellschaft betreibst, ist dieses ja automatisch gegeben und Du zahlst Dir als Geschäftsführer ein Gehalt.

Viele Einzelunternehmer vermengen aber Geschäftliches und Privates, so dass der Überblick vollständig verloren geht. So hängen dann private Kosten oftmals an den Einnahmen der gewerblichen Tätigkeit. Das führt langfristig zum Chaos, selbst wenn Du gute Gewinne machst!

Tipp:

Solltest Du keine Kontentrennung haben, richte Dir sofort auch ein Geschäftskonto ein. Zahle Dir ein monatliches Gehalt, das als fester Kostenbestandteil in die Ausgaben deines Unternehmens eingeht. Rechtlich ist es bei einem Einzelunternehmer dann zwar kein Gehalt, sondern eine regelmäßige Privatentnahme, erfüllt aber für die Finanzplanung den gleichen Zweck.

Wichtig: Du musst auch die zu zahlenden Einkommensteuer, Solidaritätszuschlag, gegebenenfalls Kirchensteuer und Gewerbesteuer anteilig für jede ›Gehalts‹-Zahlung zurücklegen.

Neue Einnahmen

Gerade für Angestellte ist es schwieriger, in Ihrem Beruf signifikante Mehreinnahmen zu erzielen, da im Gegensatz zu Leitungsfunktionen oft gar keine Gehaltsgespräche geführt werden und sich Erhöhungen meist nur durch Versetzungen und Tariferhöhungen ergeben.

Wer seinen Beruf mag oder sogar in seinem Traumberuf arbeitet, muss sich eigentlich nur überlegen, ob er sich auch selbstständig machen will und ob die Markteintrittsbarrieren nicht zu groß sind. Es ist ein reiner Abwägungsprozess: Ist das Risiko des Scheiterns mit der Selbständigkeit höher als das Risiko, als Angestellter nie seine finanzielle Freiheit zu erlangen. Dies kann man nicht pauschal beurteilen, denn es hängt von vielen Faktoren wie

Gehaltshöhe, Marktsituation, Branche, Kapitalbedarf usw. ab. So kann es durchaus sein, dass Du bei bescheidenen Ausgaben auch mit einer Angestelltentätigkeit in einigen Jahren finanziell frei wirst.
Bei begrenztem Einkommen dauert es aber immer länger - mit Geduld kommst Du aber auch zum Ziel.

Für denjenigen, der seinen Job nur als Einkommensquelle betrachtet, stellen sich ganz andere Fragen:
Wo liegt meine eigentliche Leidenschaft?
In welchem Bereich habe ich gute Fähigkeiten?
Habe ich in einem Hobby oder Sport als ›Amateurexperte‹ festgestellt, dass es bestimmte Angebote gar nicht gibt oder die Qualität des Angebotes schlecht ist?
Hast Du nämlich so einen Nischenbereich ausgemacht, besteht hier sicher eine Chance, sich selbständig zu machen. Zunächst gilt es dann, sich mit anderen Enthusiasten auszutauschen, ob sie die Situation auch erkannt haben und ein solches Angebot interessant fänden. Wenn Du mit Deiner Beobachtung allein bist, ist die Chance groß, dass Dir die Kunden ›nicht die Türe einrennen‹.

Schritt zwei ist es dann festzustellen, welche Bezugsquellen Du für Waren oder Ausrüstungsgegenstände bei Dienstleistungen benötigst und wie hoch der Kapitalbedarf ist. Viele Spezialgeschäfte haben in der freien Zeit des Inhabers mit kurzen Öffnungszeiten am Abend und am Wochenende begonnen. Ist die Nachfrage ausreichend groß, um genug Einkommen zu generieren, kann man dann versuchen in seinem ›Hauptberuf‹ vielleicht eine Arbeitszeitverkürzung oder eine zeitweilige Beurlaubung zu erreichen.

Dies begrenzt das Risiko, da man einen Notfallplan hat. Natürlich kann der Notfallplan auch in einem ausreichenden Kapitalpolster für 6 - 12 Monate bestehen.

Warnung:

Ein Grund, warum ich die vielen Motivationsbücher im Segment »Finanzielle Freiheit« nicht mag, ist der, dass viele Menschen durch die möglichen Chancen ihre Objektivität bei der Bewertung der realen Geschäftsaussichten verlieren.

Nehmen wir hier einmal das Beispiel eines Bekannten, der überlegt, seine Kenntnisse aus seinem Hobby zu nutzen, um sich selbständig zu machen: Als Whiskykenner hat er auch in der Vergangenheit schon das ein und das andere Mal einen ›Riecher‹ für gute Marktchancen gehabt und eine Flasche günstig erstanden und später mit Gewinn weiterverkauft. Aus dieser Erfahrung heraus, möchte er sich nun selbständig machen.

Geprägt von seinen Handelserfolgen mit 100 Prozent ›Gewinn‹ sieht er gute Chancen für eine profitable Selbstständigkeit. Doch betrachten wir das ganze einmal ohne die ›Glücksgefühle‹ gibt es eine Reihe von Problemen:

Der günstige Einkauf von besonderen Raritäten ist nicht skalierbar, das heißt, man kann zwar an eine oder auch fünf Flaschen kommen, nicht aber an 100.

Auch der erfolgreiche Verkauf ist nicht unbedingt skalierbar, da Sammler oder Genießer, die hohe Preisaufschläge akzeptieren, nur eingeschränkt vorhanden sind.

Der Kapitalbedarf für den Wareneinkauf ist enorm. Gehen wir einmal von einem Durchschnittspreis von nur 50 Euro aus, kommen wir bei 2400 Flaschen Warenlager schon auf einen sechsstelligen Betrag. Kosten die Sammlerflaschen aber mehrere hundert, wird der Kapitalbedarf schnell zum Problem. Allein die Kapitalkosten führen so schon zu hohen monatlichen Belastungen. Auch wenn man das Kapital selbst hat, muss man diese Kapitalkosten berücksichtigen, da das Freiheitskapital anderenfalls passive Rendite von beispielsweise zehn Prozent pro Jahr erzielen würde. Im obigen Beispiel verursachen die Kapitalkosten also schon Ausgaben von 1000 Euro im Monat!

Wenn man die Flaschen verschickt, findet der Hobbyist sicher das Verpackungsmaterial für wenige Pakete im Jahr in seinem Haushalt. Wenn man aber professionell Pakete verschickt, kostet eine gute Verpackung leicht drei bis vier Euro pro Flasche. Angesichts der Konkurrenz kann man diese Kosten nicht auf den Käufer abwälzen. Ebenso versenden die meisten Konkurrenten teure Flaschen bereits Porto frei, so dass auch diese Kosten addiert werden müssen: fünf Euro pro Flasche.

Selbst wenn man auf ein Ladengeschäft verzichtet, und nur aus der heimischen Wohnung heraus arbeitet, benötigt man einen extra Raum für die ordnungsgemäße Lagerung und das Verpacken. Dafür müssen Miete und anteilige Nebenkosten berücksichtigt werden. Mit weiterem Wachstum wird dann sicher bald ein größerer Lagerraum erforderlich. Bei einem Wohnraum gehen wir beispielhaft von nur 7 Euro Monatsmiete pro Quadratmeter, also für einen 25 qm Raum von 175 Euro im Monat aus.

Auch die Ausstattung mit Mobiliar und Arbeitsmitteln kostet Geld. Bei einer Amortisationszeit für Rechner von vier Jahren und von zehn Jahren für Möbeln (Schwerlastregale, Verpackungstische usw.) kommt man leicht auf 50 Euro pro Monat. Lassen wir einmal die Kosten für ein Fahrzeug um Ware zu holen und Pakete wegzubringen, außen vor.

Aus dem »Ich mache das von Zuhause, das kostet ja nichts« werden bei objektiver Betrachtung also schnell 1225 Euro Fixkosten zuzüglich 9 Euro variabler Kosten pro Flasche.

Wenn wir nun also tatsächlich solche Sammlerflaschen mit 100 Prozent Bruttomarge verkaufen könnten, müssen wir für Vertriebsplattformen und eigene Internetshops im Durchschnitt nocheinmal mindestens fünf Prozent des Verkaufserlöses als Provision veranschlagen. Das macht dann weitere 5 Euro pro Flasche.

Wenn wir nun auf den Gewinn vor Fixkosten schauen, bleibt von dem »Bruttogewinn« von 50 Euro pro Flasche (Verkaufspreis 100 Euro minus Ankaufspreis 50 Euro) nach Abzug der Umsatzsteuer auf den Mehrertrag (9,50 Euro), den Provisionen (5 Euro), den Verpackungskosten (4 Euro) und den Portokosten (5 Euro) nur noch 26,50 Euro Marge vor Fixkosten und Steuern.

Nehmen wir jetzt an, wir könnten tatsächlich zwei Flaschen pro Tag verkaufen (was ich bei dieser kalkulierten Marge für Träumerei halte) wären das 53 Euro am Tag, oder 1590 Euro im Monatsschnitt. Ziehen wir davon jetzt die Fixkosten ab, verbleiben uns 365 Euro vor Steuern im Monat.

Davon kann niemand leben. Verkauft man aber ein normales Sortiment, von dem man viele Flaschen verkaufen kann, sinken die Margen aufgrund der starken Konkurrenz leicht auf nur fünfzehn Prozent, so dass man vielleicht nur ein Euro pro Flasche vor Fixkosten verdient. Die ersten 41 Flaschen pro Tag verkauft man dann zur Deckung der Fixkosten ...

Daher denke über eine mögliche Selbstständigkeit in aller Ruhe und ohne Emotionen nach, denn Chancen und Risiken liegen eng beieinander.

Eine weitere Möglichkeit besteht darin, sich ein Nebeneinkommen im Onlinebereich aufzubauen. Es gibt viele Firmen, die Aufgaben an freie Mitarbeiter vergeben (outsourcen), die diese von überall auf der Welt via Internet und Telefon erledigen können. Mittlerweile ist die Bandbreite so groß, dass sie von hoch bezahlten Expertenjobs bis zu einfacher Schreibarbeit oder Dateneingaben reicht. Mit sicheren Englischkenntnissen vervielfachen sich diese Möglichkeiten natürlich. Gerade besondere Sprachkenntnisse (osteuropäische, asiatische oder afrikanische) sind für Übersetzungsaufgaben für Dokumente und/oder Webseiteninhalte sehr gefragt. Wer mehrere Kenntnisse vereint (zum Beispiel Programmieren/Sprache) kann im Internet auch eigene Services anbieten. Die Vorteile dieser neudeutsch Remotetätigkeiten liegen auf der Hand: meist freie Zeiteinteilung, also nach dem Hauptberuf oder am Wochenende.

Der Weg zur finanziellen Freiheit führt zu Beginn immer über Mehrarbeit und Einschränkungen, denn die Sprüche unserer Großeltern »Von Nix kommt Nix« sind nämlich wahr.

Bequemlichkeit ist der Feind der Freiheit - so wirst Du immer feststellen, dass erfolgreiche, reiche Menschen immer weiterarbeiten. Milliardäre wie Warren Buffett, Bill Gates oder George Soros arbeiten immer weiter, weil Arbeit für sie keine Last, sondern Teil ihres Lebens ist.
Dies ist der Grund, warum man etwas tun sollte, was einem wirklich gefällt, wo man mit Interesse und Leidenschaft bei der Sache ist. Wem es dabei nur um's „Geldverdienen" geht, wird eher scheitern als derjenige, der etwas engagiert tut um etwas zu

bewirken oder einfach Spaß zu haben - das Geld folgt dann zwangsläufig nach, weil es kein Selbstzweck ist.

Zusammenfassung der Strategieüberlegungen

Nach dem wir wissen, wofür wir unser Einkommen ausgeben, geht es im ersten Schritt um die Reduzierung unnötiger Konsumausgaben und die strikte Einhaltung **unumstößlicher Grundregeln,** wie das absolute **VERBOT** für Konsumgüter Kredite aufzunehmen oder künftig alle Zahlungen bewusst vorzunehmen, also auf den routinemäßigen Einsatz der Kredit-, EC- und Kontokarten zu verzichten.

Umsetzungstipp:

Wenn es manchmal doch erforderlich sein sollte, Ausgaben per Kreditkarte zu begleichen, mache es Dir zur festen Angewohnheit, diesen Betrag sofort aus Deiner Geldbörse zu nehmen und in einen Extra-Umschlag zu stecken (runde dabei immer auf). Im nächsten Monat holst Du dann entsprechend weniger Geld von Deinem Konto ab (Du hast ja das Geld in Deinem Umschlag) und kannst so das Kreditkartenkonto ohne die Zahlung von Zinsen sofort ausgleichen. Wenn Du davon abweichst, betrügst Du Dich selbst!
Das gleiche gilt sinngemäß für Online-Käufe mit Bezahlung vom Konto oder per PayPal.

Sobald es Deine finanzielle Situation erlaubt, das heißt, dass Du alle teuren Kredite zurückgezahlt hast, solltest Du beginnen Dir eine Cash/Bar-Reserve aufzubauen. Im Idealfall beträgt diese sechs komplette Monatsausgaben. Warum? Nun, dafür gibt es zwei Gründe: Zum einen kann immer etwas Unvorhergesehenes eintreten, dass Deine Einnahmesituation drastisch verschlechtert (Verlust der Arbeitsstelle, Kurzarbeit, Umsatzrückgang oder Zahlungsausfälle bei Selbständigen) - dies ist zwar ein großes finanzielles Risiko, gefährdet aber Deine Handlungsfähigkeit nur eingeschränkt - auf der anderen Seite kann dich aber eine Blockade oder Sperre Deiner Konten/Karten sei es aus technischen Gründen, aus Problemen der Geldinstitute, wegen des Zusammenbruchs des Bankensystems oder unangekündigte und unberechtigte Eingriffe des Staates (Pfändung oder Kontensperre) völlig blockieren und sogar Dein Überleben gefährden.

In diesem Fall bis Du nämlich komplett lahmgelegt und hast nicht einmal Geld, um Dir etwas zu Essen zu kaufen. Mir selbst ist so etwas in Deutschland schon passiert und es hat fast 20 Monate gedauert, bis ein Gericht entschieden hat, dass die Eingriffe unberechtigt waren und alle Mittel freigegeben wurden. Für alle Folgeschäden kommt der Staat natürlich nicht auf...

Die Entscheidung, Konsumausgaben zu Gunsten Deiner Freiheitsausgaben zu reduzieren, wird in der Anfangsphase oft als Einschränkung und Verlust der Lebensqualität empfunden, da man die heilsame Wirkung wegen der dynamischen exponentiellen Funktionen größtenteils erst später spürt.

Du wirst wohlhabender, fühlst Dich aber ärmer!

Diese oft unterbewusste Empfindung kann dazu führen, dass Du Deine bewusste Freiheitsentscheidung in Frage stellst. Daher mein

Tipp:

Stecke einige der größten Geldscheine in Deine Geldbörse - gebe Sie aber nie aus! Beispiel: In Deiner Geldbörse sind 5 Hundert-Euro-Scheine, 2 Fünfzig-Euro-Scheine, 2 Zwanziger und so weiter. Für Deine Ausgaben benutzt Du immer nur die kleinen, geringer wertigen Scheine und rührst die Hunderter nicht an. So hast Du immer viel Geld in Deiner Geldbörse und fühlst Dich unterbewusst reicher.

Noch ein Tipp:

Es gibt eine Reihe von monatlichen Ausgabepositionen, die immer bar bezahlt werden. Es ist gerade in der ersten Umstellungsphase sehr hilfreich, Dein Monatsbudget so aufzuteilen, dass Du das Bargeld für Tierfutter, für die Wochenkarte der öffentlichen Verkehrsmittel usw. in einen eigenen Umschlag steckst. So stellst Du sicher, dass auch am 25. des Monats noch Hundefutter gekauft werden kann und Du dafür Dein Budget nicht überziehen musst.
Der aufmerksame Leser wird sich erinnern, diesen Tipp schon einmal gelesen zu haben. Richtig, weil es gerade in der Anfangsphase enorm helfen kann, den Überblick über die geringeren freien Mittel zu bewahren.

Es ist ein unumstößlicher Fakt, dass Du als Angestellter niemals **wirklich reich** werden kannst. Warum? Nun das ist ganz einfach: Du tauscht Deine Zeit (Arbeitszeit) gegen Geld ein.

Da die zur Verfügung stehende Zeit aber begrenzt ist (selbst wenn Du nicht mehr schlafen, essen oder entspannen würdest, könntest Du nicht mehr als 24 Stunden pro Tag arbeiten), muss zwangsläufig auch das Einkommen begrenzt sein und kann nicht dynamisch wachsen.

Selbstverständlich kannst Du auch als Angestellter soviel verdienen, dass Du über Deine Freiheitsausgaben soviel Vermögen ansammeln kannst, dass Du **finanziell unabhängig** wirst. Als Angestellter wird Dir das jedoch nur gelingen, wenn Deine Konsumausgaben begrenzt bleiben. Eine ähnliche Entscheidung hast Du auch als Selbständiger zu treffen, denn dynamisches und exponentielles Wachstum verlangt von Dir immer, Deine Komfortzone zu verlassen.

Ein sicheres Gehalt bedeutet daher, dass Du sicher nicht reich wirst. Leider gilt der Umkehrschluss, dass Du als selbständiger sicher reich wirst aber nicht. Als Selbständiger hast Du *nur* die Chance auf unbegrenzten Reichtum.

Es ist eine Frage Deiner inneren Einstellung, ob Du den Verzicht auf diese Chance des unbegrenzten Einkommens als größeren Verlust ansiehst, als die Unsicherheit des Einkommens in der Selbständigkeit.

Im Gegensatz zu vielen anderen Autoren, die den Weg der Selbständigkeit als das ›Allein seligmachende‹ ansehen, kann ich durchaus verstehen, wenn Du dich weiter für ein

›Angestelltendasein‹ entscheidest, denn die Zeiten der absoluten Freiheit als Selbstständiger sind nicht nur in Deutschland und Europa durch Überregulierung und unverständliche Behörden- und Gerichtsentscheidungen lange vorbei.

Die Onlinewelt bietet hier noch die größten Chancen, setzt aber eine geeignete Standortwahl voraus. Von Deutschland aus bleiben die Möglichkeiten limitiert und Ärger mit Behörden ist vorprogrammiert, da unser überreguliertes Staatswesen, mit zum Beispiel starren formalen Anforderungen an Ausgabebelege der neuen digitalen Welt, in der eine Online-Zahlung nur durch eine Bestätigung auf deinem Monitor auftaucht, nicht gewachsen ist.

In diesem Buch geht es mir aber nicht um das Aufzeigen der Methoden, wie Du die Transformation von einem Angestellten zu einem erfolgreichen Selbstständigen am besten bewältigen kannst, sondern nur darum, wie Du mit einem guten Geld- und Vermögensmanagement die Grundlagen finanzieller Freiheit schaffen kannst.

Budget

Nachdem Du Deine Kosten nun genau kennst, unnötige Ausgaben aufgespürt und hoffentlich beseitigt hast, Deine Einnahmen überdacht und Dir Gedanken über Deine finanzielle Zukunft gemacht hast, musst Du die neuen Freiheitsausgaben und alle anderen in einem Budget zusammenfassen, an dem Du dich immer orientieren kannst.

Je größer die Übersicht wird, desto einfacher ist es für dich, die täglichen finanziellen Herausforderungen zu erledigen.

Für Dein Budget nutzt Du natürlich die auf Monatsbasis umgerechneten Beträge aus Deiner Analyse, d.h. die jährlich zu zahlende Haftpflichtversicherung in Höhe von 120 Euro erscheint in Deinem Budget mit 10 Euro Monatskosten.
Viele Menschen haben ihre Kosten (vor allem die Jahreskosten) leider gar nicht im Griff bzw. planen diese nicht. Glücklicherweise sind viele hohe Versicherungsbeiträge meist am Jahresende fällig, so dass das Weihnachtsgeld oft zur Kostendeckung herhalten muss.

Ein wichtiger Punkt ist für uns daher die Aufstellung eines Liquiditätsplanes (alle Selbständigen müssen dieses mit einem zweiten Plan parallel auch für Ihr Unternehmen tun). Beginne mit diesem Plan sofort und nehme den nächsten Monatsersten als Starttag der Liquiditätsübersicht.

Nehmen wir also an, es ist April. Dein Liquiditätsplan beginnt daher am 1. Mai und hat 12 Monate - bei Bedarf und mehreren Einkommen zu unterschiedlichen Daten kannst Du natürlich auch eine weitere Unterteilung des Monats jeweils am 15. vorsehen. Nun trägst Du Deine monatlichen Einnahmen und Ausgaben ein. Deine zweimonatlichen, quartalsweise, halbjährlich oder jährlich anfallenden Ausgaben kannst Du nun aber nicht einfach mit dem Monatsbetrag eintragen, denn die oben angeführte Haftpflichtversicherung wird beispielsweise mit 120 Euro im Juli fällig. Als Ausgabe hast Du zwar richtigerweise 10 Euro monatlich ermittelt, wenn das Geld aber auf Deinem Konto bleibt, kannst Du die Versicherung im Juli dennoch nicht bezahlen, da Du erst 30 Euro auf deinem Konto haben wirst (10 Euro vom Mai, 10 vom Juni und 10 aus dem Juli). Zum Starttag deines Liquiditätsplans musst Du also bei allen Jahreskosten den Betrag ermitteln, den Du schon angesammelt hättest, wenn Du Deine Finanzplanung schon immer so genau praktiziert hättest. Diese Beträge sammelst Du in einem Ausgleichstopf.

Das könnte dann so aussehen:

Ausgabe	Mai	Juni	Juli
Miete (Dauerauftrag Nr. 1)	500	500	500
Haftpflichtversicherung (Einzugsermächtigung)			120
mtl. Rücklage für Haftpflichtversicherung (Dauerauftrag Nr. 2)	10	10	10
Einnahmen			
Gehalt	1399	1399	1399
Entnahme aus Rücklage für Haftpflichtversicherung			120

Wenn Du alle Kosten und Fälligkeiten aufgestellt hast, weißt Du genau, wie hoch Dein ›Ausgleichs- oder Anspar‹-Topf für die nichtmonatlichen Kosten sein müsste.

Wenn Du dieses Geld als Guthaben hast, richte am besten ein Onlinesparkonto ein, zahle diesen Betrag ein und richte ab 1. Mai einen Spardauerauftrag ein. (Die Höhe ist die Summe Deiner auf den Monat umgerechneten Kosten mit selteneren Fälligkeiten). Zum Zeitpunkt der Fälligkeit Deiner Haftpflichtversicherung (und natürlich aller anderen Kosten wie Vereinsbeiträge, Autoversicherung, Kfz-Steuer, Hundesteuer etc.) überweist Du dann den Betrag von diesem Ausgleichskonto auf Dein Girokonto und musst so Dein Girokonto nicht überziehen und hast deinen regulären Monatsetat zur Verfügung.

Tatsächlich kann man diese Liquiditätsplanung abhängig von den Einzelfälligkeiten weiter optimieren, aber wenn Du mit Deiner Finanzplanung beginnst, kannst Du so nichts falsch machen und hast zum richtigen (Fälligkeit-) Zeitpunkt das erforderliche Budget.

Wie viel Freiheits-Kapital braucht man denn?

Finanzielle Freiheit ist nicht unbedingt gleichzusetzen mit Reichtum im landläufigen Sinne. Immer mehr Menschen haben nämlich erkannt, dass ein Ausscheren aus dem ›Konsumzwang‹ nicht nur ein bewussteres Leben bedeutet. Mit dem wachsenden Erfolg der ›Tiny-House‹-Bewegung und des ›Van-Life‹ gelangt die Erkenntnis, dass Verzicht auch Freiheit bedeuten kann, in das Bewusstsein immer größerer Teile der Menschheit.
Alle Formen des Minimalismus führen zu mehr Unabhängigkeit.

Denke einfach einmal zwei Szenarien durch, in denen Du jeweils Deine Freiheit dadurch genießt, mit Deiner Familie zusammen zu sein, nicht mehr arbeiten zu müssen und lediglich eine Stunde am Tag für hauswirtschaftliche Tätigkeiten aufwenden zu müssen.
Da wir ja keinerlei Verbindlichkeiten bedienen wollen, gehen wir davon aus, dass alle Vermögensgegenstände bereits vollständig in unserem Eigentum sind:

A. Große Villa am Meer

In diesem Szenario kaufen wir uns eine 300 Quadratmetervilla auf einem 5000 qm Grundstück mit schönem Pool, ein eigenes Boot im angrenzenden Hafen, einen großen Geländewagen, einen

Sportwagen, zwei Quads, zwei Jetskis. Den Kaufpreis von sicher mehr als drei Millionen lassen wir nun aber unberücksichtigt, da wir davon ausgehen, dass wir diesen zu einer Zeit ausgegeben haben, als wir noch aktiv verdient haben.

Für unsere normalen Lebenshaltungskosten (also Ernährung und Kleidung) gehen wir von einem identischen Betrag in beiden Szenarien aus. Dieser ist natürlich sehr individuell und kann von wenigen hundert Euro/Dollar bis hin zu mehreren tausend gehen - auch eine Frage der Einstellung! Wir vergleichen also nur die Differenz.

Alles gehört uns, also haben wir doch keine Kosten!?? Leider völlig falsch. Ich gehe jetzt bewusst gar nicht auf die in Deutschland ungeklärte Eigentumssituation ein, sondern beziehe mich nur auf die reine Kostenfrage.

	Jahreskosten	Monatskosten
Grundsteuer für das Haus	10000	833
Wasser (auch für Gartenbewässerung)	2400	200
Straßenreinigung	900	75
Abfall	1800	150
Heizkosten	5000	420
Unterhaltungskosten Gebäude (Erfahrungswert 1 Prozent des Kaufpreises)	30000	2500
Versicherung für das Haus	3000	250
Poolreinigung	3000	250
Gärtner	5400	450
Gebäudereinigung	5400	450
Range Rover Monatskosten lt. ADAC o.ä.		2300
Mercedes SL Monatskosten lt ADAC		2050
Kosten des Bootes (10 % des Kaufpreises lt. boat.net **ohne Wertverlust/Abschreibung** - nach meiner Erfahrung eher mehr...) Kaufpreis 250000, also eher ein kleineres.	25000	2080
Kosten der Jetskis.	2000	165
Kosten der Quads.	2000	165
Wertverlust Boot, Jetskis, Quads auf 20 Jahre	15000	1250
Motorisierte Gartengeräte (Rasenmäher, Sägen, Hechsler etc.) einschließlich Wertverlust.	3000	250
Monatskosten		**13838**

Der ein oder andere wird angesichts dieses Betrages geschockt sein, aber das ist die Realität: selbst wenn Dir alles gehört entstehen erhebliche Kosten. Je mehr Dir gehört, je höher die Kosten. Dabei habe ich die Kosten für die Dienstleistungen rund um das Haus noch extrem niedrig angesetzt. Wenn für die Leistungen Firmen beauftragt werden, um Aufwand und Haftung zu minimieren, kommen sicher noch einmal 2000 Euro im Monat hinzu!

Mehrere Häuser an verschiedenen Orten erhöhen den Kapitalbedarf entsprechend erheblich, da die überwiegenden Kosten auch bei Nichtnutzung anfallen, da man zum Beispiel im Winter auch ein nichtgenutztes Haus zum Mindesten soweit beheizen muss, dass die Leitungen nicht einfrieren. Außerdem kann man dann nur schwierig günstiges Personal engagieren, da man ja nicht immer vor Ort ist.

B Wohnung

Ich gehe bewusst nicht ins Extrem mit Tiny-House oder Leben im Reisemobil (wobei ich das persönlich für attraktiv halte), sondern nehme eine herkömmliche, aber eher kleine Wohnung als Vergleich. Als Fahrzeug nehmen wir einen mittleren VW Golf - wobei man natürlich auch ganz verzichten könnte und sich nur dann ein Auto mietet, wenn man es wirklich benötigt. Denn schließlich muss man nicht mehr zur Arbeit fahren.

	Jahreskosten	Monatskosten
Miete incl. NK		1000
Versicherung	300	25
Monatskosten Golf TSI/ TDI oder E-Golf lt. ADAC		550
Gesamtkosten		**1575**

Selbst wenn wir uns nun für die gelegentliche Nutzung an 20 Tagen im Monat entweder ein Boot oder einen Sportwagen leihen würden und dafür jeweils 300 Euro ausgeben würden, wären dies nur zusätzliche 6000 Euro, also weit weniger als die Kosten, die unsere eigenen Besitztümer(Konsumgüter) im Falle der luxuriösen Variante verursachen!

Die Kapitalbedarfsrechnung

Untersuchen wir nun den unterschiedlichen Finanzbedarf in Bezug auf unsere persönliche finanzielle Freiheit. Gehen wir von einer konservativen Kapitalverzinsung für unsere laufenden Ausgaben aus, können wir nur mit 4 Prozent pro Jahr dauerhaft kalkulieren. Unser Freiheitskapital (Vermögen) muss also dem 25-fachen unserer Jahresausgaben entsprechen, wenn wir keine laufenden regelmäßigen Einnahmen wie Renten, Mieteinnahmen oder Ähnliches haben und nur auf Kapitalerträge angewiesen sind.

Ein ausgewogenes Freiheitskapital-Portfolio wird vermutlich eher 6 - 8 Prozent erwirtschaften und in guten Jahren auch mal 15 Prozent, aber es kann schlechte Jahre mit Ausfällen geben und in denen wollen wir nicht auf den Verkauf von Assets angewiesen sein. Daher kalkulieren wir mit einer sehr konservativen Renditeerwartung von nur 4 Prozent.

Unsere Monatsausgaben als Villa-Eigentümer mit zwei Luxusautos belaufen sich auf 13838 Euro also Jahresausgaben von 166.056 Euro. Um diesen Betrag bei 4 Prozent Verzinsung zu verdienen, benötigen wir folgendes Freiheitskapital:

Einnahmebedarf nach Steuern   166.056 pro Jahr
Steuerbelastung der Zinsen in Deutschland:
Zinsabschlagsteuer 25 Prozent zuzüglich Solidaritätszuschlag in Höhe von 5,5 Prozent = 26,375 Prozent insgesamt
Unsere Ausgaben nach Steuern entsprechen also nur 73,625 Prozent der erforderlichen Einnahmen.

Um die Steuerlast mit zu verdienen, müssen wir also 35,82 Prozent mehr Einnahmen haben.
Wir brauchen dementsprechend 225.543 Euro Zinseinnahmen, um davon tatsächlich 166.056 Euro ausgeben zu können.

Ertragsbedarf vor Steuern 225.543 pro Jahr
erforderliches Freiheitskapital für das Szenario A
bei 4 Prozent Verzinsung: **5.638.575 Euro**
ohne Lebenshaltungskosten

Um die viel geringeren Kosten beim Verzicht auf all die Luxusgüter zu finanzieren, brauchen wir ein erheblich geringes Kapital für unsere finanzielle Freiheit:

Einnahmebedarf nach Steuern 18.900 Euro pro Jahr (1575 x 12)
Ertragsbedarf vor Steuern 25.670 Euro
erforderliches Freiheitskapital   für das Szenario B
bei 4 Prozent Verzinsung: **641.750 Euro**
ohne Lebenshaltungskosten

Noch einmal zur Erinnerung: Im ersten Szenario benötigten wir darüber hinaus noch mehrere Millionen um den Kaufpreis für Villa, Autos, Boot und die anderen Kleinigkeiten aufzubringen.

Wie viel Vermögen man für sein persönliches Freiheitskapital benötigt, hängt also sehr davon ab, wie man sein Leben gestalten möchte. Eine allgemeine Darstellung ist daher gar nicht möglich.

Nicht zu unterschätzen ist auch der zeitliche Aufwand, den man investieren muss, um sich um seine Besitztümer zu kümmern (Rechnungen begleichen, Unterhaltung, Reparaturen und Service organisieren, Verträge gestalten bzw. prüfen usw.). Diese Zwangstätigkeiten schränken Deine Freiheit ein oder müssen »outgesourced« werden und verursachen zusätzlichen Aufwand. Weniger kann daher oft mehr sein...

Ich kenne Menschen, die ihr Leben ohne Arbeit mit Wandern, Lesen und Zeit für Gespräche genießen, und mit 1000 Euro pro Monat auskommen. Dafür benötigt man bei gleichen Zinssätzen nur 300.000 Euro.

Man muss also kein Millionär sein, um seine persönliche finanzielle Freiheit zu genießen.

Du solltest Dir also genau überlegen, wie viel Konsumgüter Du zum Glücklichsein wirklich brauchst. Muss es die große Villa sein? Machen zwei Luxusautos glücklicher? Muss ich alle Goodies besitzen, die ich vielleicht ein paar Mal im Jahr nutzen möchte?

Der Start Deiner Finanzplanung und die Umstellung hin zu Freiheitsausgaben zeigt Dir auch da auf, ob Du in den ersten Monaten der eingeschränkten Konsumausgaben wirklich etwas vermisst, oder ob es nur der Wegfall bzw. die Änderung Deiner Routine ist...

Je geringer Du die Auswirkungen als Einschränkungen empfindest, desto geringer wird Dein Freiheitskapitalbedarf sein! Du kannst Dein Ziel also weit eher bzw. in einigen Fällen überhaupt nur erreichen, wenn Deine Konsumausgaben nicht zu hoch sind.

Von Freiheitsausgaben zum Freiheitskapital

Nachdem die Kredite abgebaut sind und die 6-Monats-Bar-Reserve aufgebaut ist, stellt sich die Frage, wie die weiteren monatlichen Freiheitsausgaben angelegt werden sollten um schnellstmöglich, aber doch mit hinreichender Sicherheit sein persönliches Freiheitskapital zu erwirtschaften.

Verständlicherweise kann und will ich hier keine Anlageberatung durchführen. Daher kann ich nur einige grundlegende Hinweise geben:

Anlageberater: ja oder nein?

Diese Frage ist vor allem abhängig von der zur Verfügung stehenden Zeit. So wird ein Angestellter im Management mit 14 Stunden-Tagen schon aus Zeitmangel eher geneigt sein, sich einem Anlageberater anzuvertrauen. Wer aber Interesse oder Zeit hat, sollte, nachdem er ja seine Scheu vor der Beschäftigung mit dem Thema Geld verloren hat, seine finanzielle Zukunft selbst in die Hand nehmen.

Als ehemaliger Anlageberater weiß ich nur zu gut, dass man die Worst-Case-Szenarien der Geldanlage, nämlich den Betrug und den Konkurs eines Unternehmens auch bei sorgfältiger Prüfung und gutem Fachwissen nicht völlig vermeiden kann. Die Vorteile beschränken sich also darauf, dass man keine Zeit auf die Betreuung und Auswahl der Anlagen verwenden muss. Angesichts der einsparbaren Honorare und Provisionen empfiehlt es sich aber, gerade für die Anfangsphase und auch bei nur kleinem Vermögen die Auswahl selbst in die Hand zu nehmen.

Die moderne Informationsgesellschaft bietet über das Internet mittlerweile alle erforderlichen Information, die früher nur für sehr viel Geld von Beratern zu abonnieren waren, für jedermann meist kostenlos an.

In den ersten Jahren sind es ja in der Regel gar keine hohen Summen, die regelmäßig angelegt oder umgeschichtet werden müssen. Meist sind es die monatlichen Beträge der Freiheitsausgaben, die regelmäßig investiert werden.

Welche Anlageformen gibt es für regelmäßige Beträge?

Investmentfonds

Investmentfonds sind Sondervermögen, die nicht der Fondsgesellschaft gehören, die solche Fonds auflegt, sondern nur den Anteilseignern, also den Käufern. Dabei unterscheidet man aktive Fonds, bei denen die Anlageentscheidungen von einem Fondsmanager nach unterschiedlichen Kriterien getroffen werden, von passiven Fonds.

Wie überall gibt es gute, weniger gute und sogar schlechte Fondsmanager. Leider ist ein Erfolg in der Vergangenheit kein Garant für gute Ergebnisse in der Zukunft, zumal Fondsgesellschaften wie DWS oder Fidelity auch bewusst ›herumtricksen‹ in dem gleichzeitig 20 oder mehr Fonds aufgelegt werden, die unterschiedlich investieren. Somit gibt es immer einige, die eine gute Wertentwicklung aufweisen. Die schlechten werden einfach geschlossen und die guten dann wieder in verschiedene Richtungen investiert. Diejenigen die nach dieser zweiten Phase richtig liegen, weisen hervorragende Wertentwicklungen bei meist kleinem Volumen auf. Wenn dann viele Kundengelder hineinströmen, sieht die Performance dann oft ganz anders aus. Daher sind Vergangenheitswerte nur bei langen Zeiträumen und großem Volumen wirklich relevant.

Daneben gibt es die angesprochenen passiven Fonds, die im Wesentlichen nur einen Aktienindex nachbilden. Diese sollten sich also immer wie der zugrundeliegende Aktienindex entwickeln - wegen der Kosten sind sie allerdings oft etwas schlechter. Dennoch sind diese besser als alle schlechten oder glücklos agierenden aktiven Investmentfonds.

ETF

Diese, sogenannten Exchange Trading Fonds bilden auch meist einen Index, einen Aktienkorb oder einen Rohstoff nach und werden an der Börse gehandelt. Der Vorteil ist hier, dass der Preis sehr transparent ist und daher die Gebühren oft deutlich geringer als bei den Investmentfonds sind. Dadurch ist die Gesamtperformance oft besser.

Allerdings gibt es hier viele Varianten, die die zu Grunde liegenden Basiswerte nur derivativ abbilden, also keine echten Werte, sondern nur Forderungen beinhalten. Diese Derivate haben sich von ihren ursprünglichen Absicherungsfunktionen mehr und mehr zu reinen Spekulationsobjekten des Kasinokapitalismus verändert.
Also Vorsicht bei der Auswahl.

Aktiensparpläne

Mit den Onlinekonten und -depots wird bei einigen Banken auch die Möglichkeit angeboten, Aktien und sogar Bruchteile von Aktien regelmäßig zu kaufen.

Banksparpläne

Dies sind eigentlich nur regelmäßige Einzahlungen auf ein Sparbuch mit festen oder auch variablen Laufzeiten, bei denen die Bank für die Festlegung einen kleinen zusätzlichen Zinsbonus bezahlt. Die Verzinsung ist aber meist so gering, dass sie sich für unsere Freiheitsausgaben nicht anbieten. Nur in Hochzinsphasen in denen es 9 oder 10 Prozent Zins gibt, eignen sie sich kurzfristig für den Vermögensaufbau.

Wenn Du meine Einführung zum Thema Geld verstanden hast, weißt Du ja, dass Geld an sich keinerlei Wert hat. Eine Langfristanlage unseres Freiheitskapitals in Geld also schlecht sein muss - aufgrund der ständigen Entwertung durch Inflation ist es sogar kontraproduktiv, da es uns weiter von unserem Ziel entfernt.

Schlussfolgerung

Mit einem guten, weltweit anlegenden internationalen Aktienfonds ließen sich in den zurückliegenden 70 Jahren im Durchschnitt mehr als 10 Prozent pro Jahr erwirtschaften. Diese Anlagevehikel bieten sich als Einstieg bei einem längeren Anlagehorizont für jeden an. Durch die regelmäßigen Zahlungen in gleicher Höhe werden mehr Anteile gekauft, wenn der Fondspreis niedrig ist und weniger Anteile, wenn der Preis steigt. Daraus ergibt sich ein bei langfristig steigenden Kursen vorteilhafter Durchschnittskosteneffekt (Cost-Average-Effekt).

Tipp:

Daher sollte man immer nur Sparpläne und niemals auch Entnahmepläne aus Aktienfonds abschießen, da sich dieser Effekt dann ins Gegenteil verkehrt, also regelmäßig auch dann verkauft wird, wenn die Kurse gerade niedrig sind und deshalb vergleichsweise mehr Anteile verkauft werden müssen.

Im Zusammenhang mit den späteren regelmäßigen Kapitalentnahmen (deine dauerhafte Rente) gibt es auch einiges zu beachten, aber mit diesem Buch wollen wir ja erst einmal das Freiheitskapital erreichen und beschränken uns insofern auf dieses Thema.

Bis ein Grundstock des Freiheitskapitals aufgebaut ist, rate ich von sehr stark regionalisierten Anlagen (Länderfonds) oder branchenbezogenen Anlagen ab. Später können zum Beispiel aufstrebende Branchen oder bestimmte Länder mit besonderen Wachstums- oder Kurserholungschancen, einen überdurchschnittlichen Ergebnisbeitrag leisten.

Zunächst empfiehlt es sich, ein kostenfreies Depot-Konto bei einem Discountbroker zu eröffnen. Es dürfen auch mehrere sein. Manche Online-Vermittler bieten auch Sparpläne direkt in den Fondsdepots der Fondsgesellschaften ohne oder mit nur geringen Ausgabeaufschlägen an.
Dann achtet man darauf, dass die Anlagen als solche möglichst geringe Gebühren und Nebenkosten haben. Zu diesen zählen:

Ausgabeaufschläge

Gerade Investmentfonds haben oft Aufschläge, die beim Kauf entrichtet werden müssen und die den Vertrieb finanzieren sollen. Ein Teil davon bekommt ein Anlageberater. Es gibt aber viele Discountbroker und Onlinevermittler, die diese Fonds auch ohne oder mit nur kleinen Aufschlägen verkaufen. Anderenfalls hat man schon zum Start fünf oder sechs Prozent ›verloren‹, die erst über die Jahre zusätzlich verdient werden müssen.
Fast alle Investmentfonds können heute irgendwo ohne Ausgabeaufschlag oder mit nur 20 bis 25 Prozent des regulären Aufpreises erworben werden. Daher kann es sinnvoll sein, mehrere kostenfreie Depots bei unterschiedlichen Anbietern mit verschiedenen Rabattsätzen für jeweils unterschiedliche Fonds einzurichten.

Der Ergebnisunterschied nach fünf oder zehn Jahren ist signifikant! Bei einem Sparplan von 100 Euro und einer angenommenen Rendite in Höhe von 10 Prozent über 10 Jahre liegt der Unterschied bei beachtlichen 1000 Euro (20.150 Euro ohne Ausgabeaufschlag und nur 19.152 bei fünf Prozent Ausgabeaufschlag). Auch hier unterschätzt man leicht den Zinseszinseffekt.

Auf der anderen Seite gibt es gute Anlageberater, die von Dir kein Extra-Honorar fordern, sondern ihre Provision als Teil der Ausgabeaufschläge von den Fondsgesellschaften erhalten und so für die professionelle Auswahl der Investitionsvehikel entlohnt werden.

Fondskosten

Bei Investmentfonds gibt es daneben eine Vielzahl offen genannter, aber auch versteckter Kosten. Dazu gehören:
Allgemeine Verwaltungskosten,
Depotbankvergütungen,
ausgewiesene Vertriebskosten,
Prospektkosten usw.
Diese dokumentierten Kosten werden in diversen Onlineportalen auch bereits verglichen. So werden diese zusätzlichen Kosten unter der Total Expense Ratio (TER) zusammengefasst.
Manche angeblich Verbraucher orientierten Magazine vergleichen die Investmentfonds gerne hinsichtlich ihrer Kostenbelastung. Ich halte dieses für wenig Ziel führend, da in den Performancevergleichen diese Kosten ja bereits berücksichtigt sind. Was hilft mir ein Fonds mit den geringsten Kosten, der aber

die schlechteste Wertentwicklung aufzeigt. Ich würde mich daher eher für den Fonds mit der besseren Performance entscheiden.
Die Kosten hätten meines Erachtens nur dann Relevanz, wenn zwei ansonsten identische Fonds zur Wahl stünden - das kommt in der Praxis aber nicht oder nur extrem selten vor.

Hinzu kommen aber die Kosten, die nicht in den Vergleichen ausgewiesen werden und die ein Vielfaches der ausgewiesenen Kosten ausmachen: die Transaktionskosten.

Gerade Fondsgesellschaften von Banken wie DEKA, DWS, DIT oder Union können durch häufige Transaktionen zu Standard-Kostensätzen leicht 5 bis 10 Prozent der verwalteten Gelder pro Jahr legal an ihre Muttergesellschaften ›verschieben‹. Außerdem besteht immer die Gefahr, dass die Fondsgesellschaften ›schlechte Investments‹ von ihren Muttergesellschaften übernehmen müssen.

Gewinnbeteiligungen

Gewinnbeteiligungen des Managements, ob bei Investmentfonds oder anderen Anlagen, werden von manchen Verbraucherorganisationen ›verteufelt‹.
Ich persönlich schätze Gewinnbeteiligungen - auch als Entlohnung für Anlageberater - da diese eine Interessengleichheit zwischen Dir als Anleger und den für die Verwaltung der Gelder verantwortlichen Personen herstellen. Dazu sind aber klare Regelungen und Transparenz erforderlich. Am besten ist eine absolute Gewinnbeteiligung in Relation zu einem Vergleichsindex. Dabei erhält der Manager einen oft ziemlichen hohen Anteil (10

bis 15 Prozent) des über den Vergleichsindex hinausgehenden Wertzuwachses.

Wichtig ist zum einen der Vergleich mit einem gebräuchlichen Index, denn wenn z.B. der **D**eutsche **A**ktien Inde**x** um 20 Prozent in einem Jahr gestiegen ist, stellt ein Zuwachs von 15 Prozent keine gute Leistung dar und sollte nicht auch noch belohnt werden.

Auch muss es zum anderen unbedingt eine sogenannte „High-Watermark" geben: Das bedeutet nämlich, dass nur dann eine Gewinnbeteiligung gezahlt wird, wenn es auch neue Höchststände gibt. Einige Fondsgesellschaften lassen sich nämlich grundsätzlich für solch eine sogenannte ›Outperformance‹ bezahlen. Das kann dazu führen, dass Du Jahr für Jahr eine Gewinnbeteiligung bezahlst, obwohl Dein Freiheitskapital schrumpft! (Zum Beispiel, wenn der Index um zehn Prozent fällt, der Fonds aber nur fünf Prozent, finde ich die Zahlung einer ›Gewinnbeteiligung‹ als Hohn.) Finger Weg von solchen Anlagevehikeln!

Ein beliebter Trick der Fondsbranche ist auch die Kreation eigener Indizes, die dann beispielsweise viele Underperformer oder Pennystocks enthalten. Daher niemals Fonds kaufen, deren Vergleichsmaßstab ein hausinterner Index ist.

Transaktionskosten

Freie Fondsgesellschaften und auch unabhängige Vermögensverwalter können sich ihre Bankverbindungen aussuchen und somit Discountbroker wählen bzw. mit ihrer Haus-Bank Sonderkonditionen aushandeln. Gerade bei häufigem Handel haben hohe Transaktionskosten einen großen Einfluss auf die Wertentwicklung. Bei jedem Kauf- oder Verkauf von Aktien oder Anleihen fallen Handelsgebühren an. Die Fondsgesellschaften von Banken und Versicherungen zahlen an ihre Muttergesellschaften oft die regulären hohen Gebühren, obwohl sie ja ein extrem hohes Handelsvolumen haben. Diese Kosten gehen zu Lasten des Sondervermögens Investmentfonds und führen so leicht zu einer Umverteilung deines Geldes hin zur Finanzelite. Ich spreche hier noch nicht einmal von möglichen, manipulativen unnötigen Handelstransaktionen durch sinnlose Käufe und Verkäufe mit dem einzigen Zweck Gebührenabzüge zu verursachen.

In diesem Zusammenhang und insbesondere bei geringen Sparbeträgen lohnt sich auch ein Blick in das Kryptocoin-Segment von Bitcoin & Co. Die Transaktionskosten sind im Vergleich zu Banken sehr gering und vor allem transparent. Hier konnten in den ersten Jahren zudem enorme Gewinne mit Tausenden Prozent und mehr verdient werden. Diese „Goldgräberphase" ist zwar vorbei, aber langfristig wird man auch hier weiterhin gute Erträge verbuchen können.

Mehr noch als im ›klassischen Anlagesegment‹ gilt es hier Risiken zu streuen, da die Schwankungsintensität (Volatilität) und auch das Totalausfallrisiko sehr hoch ist. Viel Geld auf eine kleine, unbedeutende Coin zu setzen, kommt einem Einsatz beim Roulette im Kasino nahe. Investieren Sie aber in die 10 oder 20 stärksten Kryptowährungen ist das Chance-/Risikoverhältnis attraktiv. Die Wertentwicklung wird hier - wie im klassischen Börsenhandel - in Amplituden verlaufen, so dass es sowohl Bullenmärkte mit steigenden Kursen als auch Bärenmärkte mit fallenden Kursen gibt. Da die Handelszeiten durch 24 Stunden an 7 Tagen pro Woche ein Mehrfaches der klassischen Parkettbörsen betragen, sind sowohl die Bullen- als auch die Bärenphasen kürzer als im Aktiensegment.

Im Kryptosegment sollte man aber eher eine aktive Anlagestrategie anwenden, da nach den Aufwärtsphasen immer extrem starke Korrekturphasen folgen. Kann man Rückgänge von 20 bis 40 Prozent im Aktienmarkt bei einer langfristigen Strategie durchaus ignorieren (zumal das Markttiming auch Risiken beinhaltet), fallen Kryptowährungen oft wieder um 90 oder 95 Prozent. Wenn man hier also höhere Gewinne erzielt hat, sollte man nicht gierig werden, sondern Gewinne mitnehmen. Man muss ja nicht gleich alles verkaufen.

Gerade Bitcoin kommt daneben auch eine besondere Funktion als Wertspeicher zu (Erinnere Dich an die Entstehung des Geldes). Bitcoins unerreichter Vorteil ist nämlich, dass die Anzahl auf rund 21 Millionen begrenz ist und daher durch das heutige Mining nach und nach immer weniger neue Bitcoins hinzukommen. Im Mai 2020 steht wieder der nächste vorgegebene Schritt, die Anzahl der neuen Bitcoins zu reduzieren, an (Halving).

Wegen der für jedermann zugänglichen offenen Blockchain kann im Gegensatz zu Geld und Gold nicht betrogen werden (Natürlich gibt es im Umfeld auch viele Betrüger, wenn Du aber Bitcoin besitzt, gibt es keine Möglichkeit Dich darum zu betrügen, solange Du Deinen Private Key niemanden offenbarst.).

Es gibt wegen der feststehenden Begrenzung auch keine Inflation.

Der einzige Nachteil ist aktuell der hohe Anteil an Spekulanten unter den Eigentümern von Bitcoin. Durch deren stetiges Handeln schwanken die Gegenwerte in Euro oder Dollar zur Zeit noch sehr stark.

Vergleicht man aber die Marktkapitalisierung des anderen Wertspeichers Gold mit der von Bitcoin, liegt der faire Preis für einen Bitcoin aktuell meines Erachtens zwischen 40000 und 80000 Euro. Ein weiterer Vorteil ist die gute Teilbarkeit der Digitalwährung. Während Gold durch die Teilung in Ein-Gramm-Barren unverhältnismäßig teuer wird, bleibt der Bitcoinpreis auch beim Erwerb von nur 0,00000001 Bitcoin unverändert. Daher sind gerade Kleinanleger, die sich keinen Kilobarren kaufen können, hier im Vorteil.

Gewinnmitnahmen/Umschichtungen

Wenn Deine Fondsanlagen oder Aktiensparpläne hohe Gewinne aufweisen, ist die Zeit gekommen, das Freiheitskapital umzuschichten. Da durch die Gewinnentnahmen größere Beträge auf einmal zur Verfügung stehen, kann man sich dann mit Unternehmensbeteiligungen direkt in Projekten engagieren und so ohne die vielfältigen Overheadkosten weit höhere Renditen von 15 bis 25 Prozent oder noch mehr pro Jahr verdienen. Ich empfehle hier auch eher konservative Anlagen zum Beispiel im Forst- und Agrarbereich.

Zur Risikostreuung sollte immer auch ein kleiner Anteil in Edelmetalle wie Gold und Silber investiert werden. Die hohe Sicherheit einer physischen Anlage wird mit dem Verzicht auf laufende Erträge bezahlt.

Was ist eigentlich RISIKO?

Die meisten denken beim Thema Risiko nur an zwei Teilaspekte des Risikos, nämlich das

Totalausfallrisiko

Dabei ist der gesamte investierte Betrag verloren. Dies passiert typischerweise bei Beteiligungen, die von Betrügern aufgelegt werden. Auch bei sorgfältiger Prüfung und hoher Sachkenntnis kann man sich davor nicht schützen, denn es gibt halt auch ›gute‹ Betrüger, die ihr Betrugshandwerk verstehen und zum Teil sogar über Jahre wie ein normales Unternehmen operieren. Im Kryptobereich gibt es diese Totalausfälle auch ohne Betrug, wenn entweder das Projekt scheitert oder durch Delistings an Börsen der Umtausch einer spezifischen Coin in Fiat-Währung oder Bitcoin nicht mehr möglich ist. Dann hat man zwar Coins, kann sie aber nicht ›zu Geld‹ machen.

Extrem-Verlust-Risiko

Dabei verliert man einen sehr hohen Anteil seines Investments zum Beispiel beim Konkurs eines Unternehmens oder durch besondere Ereignisse, die den Börsenkurs eines Unternehmens innerhalb kürzester Zeit dramatisch einbrechen lassen. Dies kann

zum Beispiel beim Tod von Schlüsselpersonen oder Naturkatastrophen passieren.
Fälschlicherweise sehen Investoren dies auch bei langanhaltenden Kursrückgängen so - dort ist es aber eigentlich kein Risiko, sondern nur fehlendes Risikomanagement.

Eine Reihe weiterer Einflussfaktoren und Risiken sind in meinen Augen aber noch schlimmer als diese beiden Risikoarten, vor allem

Fehlendes Risikomanagement

ist in vielen Fällen die Hauptursache für große Verluste. Anleger neigen dazu, an Verlustpositionen sehr lange festzuhalten (»die erholen sich schon wieder«) und Gewinne schnell und zu früh zu realisieren. Große Verluste und kleine, schnelle Gewinne sind der Grund für die meisten Misserfolge an den Börsen.

In Anlagesegmenten mit sehr hoher Schwankungsintensität (Volatilität) kann man oft keine 10-Prozent-Verlustbegrenzung realisieren, weil die Tagesschwankungen hier oftmals schon 20 oder 30 Prozent betragen. Hier kann man sein Risiko nur über die Größe der Positionen steuern. Dies ist der wichtigste Punkt im Risikomanagement, sodass wir diesem das nächste Kapitel widmen.

Schwankungsrisiko

Manche Anlagen haben eine sehr große Spannbreite in der, deren Börsenkurs schwankt. Dies ist eigentlich kein großes Problem, auch wenn man einen eher ungünstigen Einstiegszeitpunkt gewählt hat und somit erst einmal in den Verlustbereich gerät. Problematisch wird dies erst, wenn man solch volatile Anlagen für Gelder verwendet, die man zu einem bestimmten Zeitpunkt benötigt. Daher muss man das Schwankungsrisiko immer in Relation zur beabsichtigten Anlagedauer des Freiheitskapitals betrachten. Bei Langfristanlagen kann man gut damit leben, bei nur kurzfristig oder mittelfristig zur Anlage kommenden Geldern darf die Volatilität nicht so hoch sein.

Renditerisiko

Dabei geht es um die Unsicherheit des Ertrages. Die Ertragsprognosen von Beteiligungen basieren oft auf drei Szenarien: Normalfall, leicht schlechter und leicht besser. Manchmal gibt es aber auch sehr schlechte Ergebnisse, die vollständig von den Renditeprognosen abweichen. Dies ist auch der Grund, warum ich von allen kreditfinanzierten Anlagen abrate und ich kein Freund vermieteter, fremdfinanzierter Immobilien bin. Wenn Du einen Kredit oder eine Hypothek zu bedienen hast, Dir aber die geplanten Einnahmen wegen Leerstand oder unerwarteten Reparaturen fehlen, kann dich die fehlende Liquidität ruinieren!

Verlustrisiko-um-jeden-Preis-vermeiden-Risiko

Sehr vorsichtige oder unerfahrene Menschen neigen dazu, die offensichtlich dramatischen Risiken, nämlich Totalausfall-Risiko und Extrem-Verlust-Risiko, gänzlich zu vermeiden. Da nahezu alle Anlagen mit hoher Rendite aber solche Risiken beinhalten, wird das Gesamtportfolio extrem Rendite schwach - die meisten Finanzziele können dann gar nicht mehr erreicht werden!
So wird das Bestreben, Risiken zu vermeiden, zum größten Risiko für das Erreichen der persönlichen Finanzziele.

Risiko kann man nicht verhindern - Risiko kann man nur kontrollieren und steuern.

Das A und O für Dein Freiheitskapital

Das A und O der Kapitalanlage muss immer die Risikostreuung sein. Nur in das eigene Unternehmen sollte man mehr als 10 Prozent seines Kapitals investieren, da man dort alles selbst kontrollieren und beeinflussen kann. Breit streuende Investmentfonds sind oft in 80 oder 100 verschiedene Aktien investiert und haben somit gegenüber Aktiensparplänen aus Sicht der Risikobegrenzung einen großen Vorteil. Bei hohen monatlichen Sparbeträgen sollte man sogar in verschiedene Fonds investieren.

Aktiensparpläne kommen unter Risikogesichtspunkten eigentlich erst dann in Betracht, wenn man in 10 oder mehr Aktien monatlich gleichzeitig investieren kann. Dies setzt also eine größere regelmäßige Freiheitsausgabe voraus.

Die Notwendigkeit der Risikostreuung wird einem schnell klar, wenn man sich die Auswirkungen eines Totalausfalls vor Augen führt:

Wenn Sie 10 Anlagen zu jeweils 10.000 Euro haben und eine davon fällt aus, müssen die verbleibenden 9 Anlagen zu insgesamt 90.000 Euro nur ungefähr 11,2 Prozent Ertrag erwirtschaften, um den Verlust auszugleichen.

Bei nur zwei Anlagen a 50.000 Euro beträgt der Verlust aber schon 50 Prozent - dies ist weitaus dramatischer, da der Wertzuwachs der verbleibenden Anlage dann schon 100 Prozent sein muss, um den Ausfall zu kompensieren.

Bei 20 verschiedenen Anlagen zu je 5.000 Euro wären es natürlich nur fünf Prozent Verlust. Viel wichtiger ist aber, dass die verbleibenden Anlagen nur 5,3 Prozent Ertrag zur Kompensation des Verlustes erwirtschaften müssen. Renditestarke Anlagemischungen können langfristig also problemlos solche Totalausfälle ausgleichen.

Du kannst also ruhig in ertragstarke ausfallrisikoreichere Anlagen investieren, wenn Du pro Einzelanlage nur wenig investierst.

Dazu noch ein Beispiel:

Herr Angst investiert sein Freiheitskapital in eine ›sichere‹ Termingeldanlage und bekommt von seiner Bank aktuell 1,5 Prozent Zinsen pro Jahr. Aus seinen 100.000 Euro werden also am Ende des Jahres 101.500 Euro.

Frau Klug hat ihr Freiheitskapital aber in Aktien, Kryptowährungen und direkte Beteiligungen investiert. Insgesamt hat sie 40 verschiedene Anlagen zu je 2.500 Euro. Am Ende des Jahres sitzt Frau Klug mit Herrn Angst zusammen und sie vergleichen ihre Anlageergebnisse. Als Frau Klug erzählt, dass sie bei zwei Anlagemöglichkeiten Betrügern aufgesessen war, eine Cryptocoin wertlos delistet wurde und eine Firma, deren Aktien sie besaß, in Konkurs gegangen ist, sagte Herr Angst: »Ich habe es Dir doch gleich gesagt, diese riskanten Anlagen sind nichts für uns.«

»Mein Lieber«, sagte Frau Klug »da liegst Du aber total falsch. Meine Anlagen haben zwischen zwei und 5o Prozent Plus gebracht. Im Durchschnitt waren es 18 Prozent. Die vier Totalverluste haben mein Freiheitskapital allerdings um 4 x 2.500 Euro auf nur noch 90.000 Euro reduziert. Das war natürlich Pech. Dennoch sind mit meinem Durchschnittsertrag daraus aber insgesamt wieder 106.200 Euro geworden. Also habe ich viermal mehr verdient als Du.«

Die vermeintlich (ich will hier nicht auf die erheblichen Risiken von Bankeinlagen eingehen) sichere Zins-Anlage birgt nämlich ein anderes, viel größeres Risiko:

Das Risiko, seine Freiheitsziele niemals zu erreichen!

Ohne einen höheren Ertrag greift nämlich die besondere Dynamik und Exponentialfunktion des Zinseszinses nur deutlich geringer.

Dazu auch ein kleines Beispiel:

Wir haben zwei Portfolios. Eines mit der ›sicheren Anlage‹ und 3 Prozent Rendite und eines mit der ›risikoreichen Anlage‹ mit 12 Prozent Gesamtrendite. Wir legen unser Freiheitskapital von 100 Euro für 15 Jahre an. Nach dem ersten Jahr hat unser ›sicheres‹ Portfolio also 103 Euro und das ›risikoreiche‹ 112 Euro. Wer nun glaubt, der Unterschied von 9 Euro im Jahr mal 15 Jahre ergibt einen Gesamtunterschied von 135 Euro (9x15) liegt aber falsch!

Ich verzichte jetzt bewusst auf Formeln zur Berechnung der Erträge, sondern zeige die Ergebnisse Jahr um Jahr in einer Übersicht, damit es für Dich einfacher nachvollziehbar ist:

Jahr	Freiheitskapital	Zuwachs bei 3 %	Zuwachs bei 12 %
0 Start/Anlage	**100**	3	12
1	neues Freiheitskapital	103	112
2	neues Freiheitskapital	106,09	125,44
3	neues Freiheitskapital	109,27	140,49
4	neues Freiheitskapital	112,55	157,35
5	neues Freiheitskapital	115,93	176,23
6	neues Freiheitskapital	119,41	197,38
7	neues Freiheitskapital	122,99	221,07
8	neues Freiheitskapital	126,68	247,60
9	neues Freiheitskapital	130,48	277,31
10	neues Freiheitskapital	134,39	310,59
11	neues Freiheitskapital	138,42	347,86
12	neues Freiheitskapital	142,57	389,60
13	neues Freiheitskapital	146,85	436,35
14	neues Freiheitskapital	151,26	488,71
nach 15 Jahren	**neues Freiheitskapital**	**155,80**	**547,36**

Der Unterschied beträgt also statt der anfänglich erwarteten 135 Euro - was ja auch schon sehr viel gewesen wäre - nahezu unglaubliche 391,56 Euro. Wäre die Anlagedauer noch länger, hätte der Zinseszinseffekt den Abstand noch weiter auseinandergezogen.

Es ist von ungeheurer Wichtigkeit, dass Du die Auswirkungen des Zinseszinses verstehst!

Tipp:

Die Auswirkungen begleiten dich nämlich nicht nur bei der Anlage deines Freiheitskapitals, sondern auch Tag für Tag bei der deinen Ausgaben:
Der Verzicht auf einen so nebenbei getätigten Kauf eines neuen T-Shirts für 10 Euro (brauchst Du wirklich das achtzehnte T-Shirt?) heute bedeutet nämlich bei 12 Prozent Ertrag in 30 Jahren bereits ein um 1095 Euro höheres Freiheitskapital oder eine monatliche lebenslange Rente von mehr als 5 Euro.
Jeder einzelne Euro unbedachter und/oder unnötiger Ausgabe bedeutet also den dauerhaften Verzicht auf 0,50 Euro lebenslanger Freiheitsrente.
Wenn Du Dir das klarmachst, wirst Du sicher wesentlicher bewusster mit deinem Geld umgehen.

Ich möchte nicht missverstanden werden:

Mein Ziel ist es nicht, dich zu einem Geizhals oder Abstinenzler zu machen. Es ist auch bei knappem Budget völlig in Ordnung, sich mal einen teuren Starbucks Guatemala Casi Cielo oder eine köstliche Grand Cru Maracaibo Clasificado Schokolade mit 20-jährigem Tamdhu Single Malt Whisky zu gönnen. Mir geht es nur darum, dass Du Dir alle Konsum-Ausgaben bewusstmachst und nicht aus hergebrachten Verhaltensmustern heraus Dein Geld unüberlegt ausgibst.
Wie viele Lebensmittel wirfst Du weg, weil die Haltbarkeit abgelaufen ist?

Wie viele Lebensmittel werden bei Dir schlecht und ungenutzt entsorgt?
Wie viel Hemden, Shirts, Pullover, Blusen, Schuhe, Jacken, Mäntel hast Du in den letzten Monaten gar nicht getragen? Muss man dafür Geld ausgeben?
Angesichts Deines neuen Wissens, wie sich jede heutige Ausgabe auf Deine spätere Freiheitsrente auswirkt, solltest Du Dein Konsumverhalten neu überdenken.

Doch zurück zum Thema Risiko:

Wer also über ›RISIKO‹ nachdenkt, sollte auch dieses größere Risiko beachten. Die Angst vor Verlust beeinflusst je nach unserer Prägung durch das Elternhaus und unser Umfeld unser Denken extrem. Mangelndes Wissen hindert uns aber daran, zu erkennen, welchen Risiken und Gefahren wir ausgesetzt sind, wenn wir unsere Chancen nicht ergreifen.

Das sicher vorhandene weit höhere Einzelrisiko hochrentabler Einzelanlagen können wir durch einen gesunden Vermögensmix kompensieren. Jeder einzelne Vermögensbaustein sollte daher maximal 10 Prozent des Freiheitskapitals - besser nur fünf Prozent - ausmachen!

Beim Beginn des Vermögensaufbaus hast Du natürlich noch nicht das Kapital, um zehn verschiedene Anlagen zu wählen. Daher sind weltweit anlegende konservative Aktienfonds mit großem Volumen und vielen Aktien die erste Wahl für Anleger in der Startphase des Vermögensaufbaus, weil darin ja keine Aktie einen zu hohen Anteil hat!

Die meisten Anleger machen sich zum Beispiel mehr Gedanken um die Auswahl des ›besten Fonds‹, dabei ist es gar nicht so wesentlich, ob man nun 11,2 oder 11,6 Prozent Ertrag bekommt. Entscheide Dich aber nie für ein Investment, wenn die Anlagesumme mehr als 10 Prozent deines Kapitals ausmachen würde.

Bei hochriskanten, also hochrentablen Anlagen bleibe besser unter fünf Prozent. Nur Experten mit Zugriff auf aktuelle unterjährige Unternehmensdaten und Zeit für regelmäßige Risikoüberwachung können in Ausnahmefällen davon abweichen.

Wenn Du noch ganz jung bist, also zum Beispiel unter zwanzig und die Freiheitsausgaben eines Jahres zum Beispiel auf eine einzelne Kryptocoin setzen willst, an deren Potential Du glaubst, weil Du dich in dem Bereich gut auskennst, kann das in Ordnung sein, wenn Du Dir des Risikos bewusst bist, dass es Deine Pläne um ein Jahr verzögern kann, wenn Du falschliegst oder Pech hast. Im Erfolgsfall generierst Du dann aber eben auch 1000 Prozent Gewinn oder mehr - das ist ein überlegenswertes Chance-Risiko-Verhältnis in diesem Alter. Für einen Vierzigjährigen wäre das unter Risikomanagementgesichtspunkten allerdings ein nicht akzeptables ›No-Go‹.

Die strikte Einhaltung des Grundsatzes der Risikostreuung ist der elementare Aspekt der Vermögensanlage und wichtiger als die einzelne Anlageentscheidung.

Nochmal:
Die strikte Einhaltung des Grundsatzes der Risikostreuung ist der elementare Aspekt der Vermögensanlage und wichtiger als die einzelne Anlageentscheidung.

Zum dritten Mal:
Die strikte Einhaltung des Grundsatzes der Risikostreuung ist der elementare Aspekt der Vermögensanlage und wichtiger als die einzelne Anlageentscheidung.

Zusammenfassung

Unsere Finanzen sind keine Nebensache. Sie sind Grundlage unseres Lebens und gestatten uns, in einer Unterkunft zu wohnen, zu essen, zu genießen, mit Freunden zu feiern, Gutes zu tun - also zu leben!

Wer seinen Finanzen keine Beachtung schenkt, ignoriert deren Einfluss auf sein Leben und beraubt sich seiner Gestaltungsmöglichkeiten.
Jeder kann sein Leben aktiv gestalten!

Einfluss zu nehmen, ist somit keine Frage der Höhe des Vermögens. Auch ein Obdachloser entscheidet, ob er sich eine große Flasche Lambrusco kauft oder einige Obdachlosen-Zeitungen und diese mit Gewinn weiterverkauft. Wenn er sich dann von dem Erlös nicht zwei Flaschen Lambrusco kauft, sondern wieder eine Handelsware, kann er dem Leben auf der Straße entkommen...

Alle Menschen sind unterschiedlich und haben ihre eigenen Vorstellungen und Träume - es kann daher keinen allgemein gültigen Masterplan geben, wie man sein Leben gestalten soll.
Mein Ziel war es daher denn auch nicht, eine Anleitung zum Reich werden zu kreieren, sondern eine Grundlage für das Verständnis von Finanzplanung und deren Grundlagen zu legen.

Wenn Du den Zusammenhang zwischen wertlosem Geld und werthaltigem Freiheitskapital verstanden hast und Dir klargeworden ist, dass jede unnötige Konsumausgabe durch den Zinseszinseffekt einen großen Einfluss auf die Zukunft hat, und Du dich daher in Zukunft aktiv und intensiv mit Deiner Finanzplanung auseinandersetzt, habe ich mein Ziel schon erreicht.

Jeder Mensch hat andere Vorstellungen von seinem Leben und von der Auslegung des Begriffes Lebensqualität. Für den einen ist es Lebensqualität sich jedes Jahr einen exotischen Urlaub leisten zu können.
Für den anderen ist die gemeinsame Zeit im Zusammenleben mit Partner und Familie wichtiger als die Anhäufung von Wohlstand. Für ihn ist die Vorstellung, sich in seinem Acht-Stunden-Job besonders zu engagieren um dann eine Beförderung in eine höher bezahlte Position zu bekommen, in der er 12 Stunden hart arbeiten muss, eher eine Drohung.

Einschub:
Eine kleine Geschichte von einem Löwen in der afrikanischen Savanne. Der Löwe lag den ganzen Tag in der Sonne, beobachtete die Löwin und die Jungen beim Spielen. Er genoss das Leben und wenn er alle paar Tage wirklich Hunger hatte, ging er auf die Jagd und erlegte eine Gazelle. Die Löwenfamilie fraß sich satt und genoss anschließend wieder das Leben.

Dann kam ein Mensch vorbei und meinte: Wäre es nicht schön, wenn Du ständig Fleisch auf Vorrat hättest anstatt immer erst jagen zu müssen, wenn Deine Familie Hunger hat?

Das sah der Löwe ein und erlegte zwei Gazellen. Als die Löwenfamilie dann wieder Hunger hatte, hatten sie zwar noch eine erlegte Gazelle. Diese war aber nicht mehr frisch. Der Mensch empfahl daraufhin dem Löwen, einen Kühlschrank zu kaufen.
Also strengte der Löwe sich an, verzichtete auf sein tägliches Sonnenbad und erlegte viele Gazellen, verkaufte das Fleisch und kaufte sich von dem Erlös einen Kühlschrank. Den Löwenbabys hatte er nur noch nachts beim Schlafen zusehen können.

Die nächste Gazelle, die er erlegte, wanderte in den Kühlschrank. Als er diese aber herausnahm, war das Fleisch nicht mehr gut. Also befragte er den befreundeten Menschen wieder, woran das liegen könnte.
Der Kühlschrank braucht natürlich auch Strom, war seine Antwort. Der Löwe ging also auch am nächsten Tag wieder auf die Jagd, um eine Gazelle zu erlegen, damit er sich den Strom für seinen Kühlschrank leisten konnte. Wenn der Kühlschrank dann leer war, musste er sich besonders anstrengen, da er dann zwei Gazellen jagen musste (eine für den Strom und eine als Vorrat).

Die Gazellenpopulation im Umfeld der Löwenfamilie schrumpfte daraufhin so stark, dass der Löwe immer weitere Wege gehen musste, um seine Beute zu erlegen. Er hatte daher keine Zeit mehr für sein Sonnenbad und konnte auch seine Kinder nicht mehr aufwachsen sehen. Als dann die großen Regenfälle begannen, ging der Kühlschrank kaputt, da er ja ungeschützt draußen stand. Also musste der Löwe die Reparatur bezahlen und ein Haus bauen, damit der Kühlschrank sicher untergebracht werden konnte. Weil der Löwe aber ein teures Haus nicht mit ein paar Gazellen bezahlen konnte, musste er einen Kredit aufnehmen und täglich zwei weitere Gazellen erlegen, um Zins und Tilgung zu bedienen.

Später, als der Löwe älter wurde und sein ›Jagdpensum‹ nicht immer schaffte, musste nun sogar seine Frau mit auf die Jagd gehen.

Eines Abends fragte ihn das Löwenjunge: »Du Papa, warum seid Mama und Du eigentlich nie mehr zu Hause und spielt mit uns?«

Eine wirkliche Antwort hatte der Löwe nicht...

Wohlstand ist also sehr subjektiv. Wer eine Villa in der Karibik, eine Skihütte in den Alpen, eine Yacht im Mittelmeer und ein Landhaus am Chiemsee haben möchte, hat natürlich einen ganz anderen Freiheitskapital-Bedarf als derjenige, der mit seinem Partner mobil im eigenen Wohnmobil weltweit unterwegs sein möchte und Menschen und Landschaften erkunden will. Je mehr man konsumieren will, desto mehr Freiheitskapital muss man erwirtschaften, um sich dies auf Dauer leisten zu können.

Finanzielle Freiheit beginnt bei dem einen mit wenigen hunderttausend Euro an gut angelegtem Freiheitskapital, während der andere für seinen geplanten Lebensstil sehr viele Millionen benötigt.

Lebensqualität ist keine objektive Größe - ebenso wenig wie Wohlstand.

Wann ist man reich?

Wenn Du 30.000 Euro im Jahr Einnahmen aus deinem Freiheitskapital von beispielsweise 500.000 Euro hast, aber regelmäßig nur 24.000 Euro ausgibst, nimmt Dein Vermögen Jahr für Jahr zu - Du wirst immer reicher. Nach 35 Jahren sind aus deinen 500.000 dann schon eine Million geworden.

Wenn Du aber das Zwanzigfache besitzt, also 10.000.000 Euro Freiheitskapital hast und darauf 600.000 Euro im Jahr Erträge generierst, Dein Lebensstil nun allerdings so hohe Kosten produziert, dass Du 650.000 im Jahr ausgibst, nimmt Dein Vermögen ab und Du wirst Jahr für Jahr ärmer. Nach nur gut 35 Jahren ist das ganze Vermögen aufgezehrt.

Wer ist nun reicher?

Achtzig Prozent aller Lottogewinner haben nach nur zwei Jahren ihren gesamten Gewinn verkonsumiert bzw. ›unter die Leute gebracht‹.

Wohlstand bedeutet daher langfristig, dass Du weniger ausgibst, als Du einnimmst.

Damit kannst Du immer sofort anfangen - gleichgültig wie gut oder schlecht Deine aktuelle Ausgangslage auch sein mag.

Deine eigenen Vorstellungen sind auch für Deine finanzielle Zukunftsplanung ausschlaggebend, sodass es keinen 1:1-umsetzbaren Plan geben kann. Du kannst Deine Planung auch jederzeit anpassen und ändern, denn wenn Du die Systematik und die Zusammenhänge einmal verstanden hast, ist Finanzplanung keine Hexerei.

Um Dir die Anfänge zu erleichtern, habe ich ein paar einfache Mustertabellen auf meiner Webseite www.passing.info zum Herunterladen bereitgestellt.

10 Schritte zur Umsetzung

Die zehn Schritte zur Umsetzung sind allerdings immer die gleichen:

1. Aufstellung aller Ausgaben und Einnahmen
2. Bewertung (Analyse) der Ausgaben
3. Aufstellung deines Budgets
4. Aufstellung eines Liquiditätsplanes
5. Gedanken über Einnahmeveränderung
6. Rückzahlung von Verbraucherkrediten, Hypotheken
7. Anlage der Freiheitsausgaben
8. Anlage des Freiheitskapitals in Werten (nicht in Geld)
9. Risikomanagement des Freiheitskapitals
10. Regelmäßige Entnahme des Freiheitsbedarfs

Lass mich mit einem Zitat von Johann Wolfgang von Goethe schließen:

Es ist nicht genug, zu wissen –
Man muss auch anwenden.
Es ist nicht genug, zu wollen –
Man muss auch tun.

www.ingramcontent.com/pod-product-compliance
Lightning Source LLC
Chambersburg PA
CBHW070419220526
45466CB00004B/1470